LUISE SCHLESSELMANN

DIE CHRISTLICHEN JAHRESFESTE UND IHRE BRÄUCHE

Hintergründe
zum Feiern mit Kindern

VERLAG FREIES GEISTESLEBEN

Die Deutsche Bibliothek – CIP-Einheitsaufnahme

Luise Schlesselmann:
Die christlichen Jahresfeste und ihre Bräuche:
Hintergründe zum Feiern mit Kindern /
Luise Schlesselmann. – 2. Auflage –
Stuttgart: Verlag Freies Geistesleben, 1994

ISBN 3-7725-1147-3

2. Auflage 1994

Schutzumschlag: Walter Schneider unter Verwendung einer
Illumination zu Pfingsten aus dem Antiphonar der St. Peterskirche
in Salzburg. Spätes 12. Jhdt. Stiftsbibliothek, Salzburg.

Druck : Clausen & Bosse, Leck

INHALT

VORWORT

Der Leser, der dieses Buch in die Hand nimmt, mag sich wundern und denken: Schon wieder ein Buch über Jahresfeste – gibt es denn nicht schon genug?

In der Tat, es liegt inzwischen eine stattliche Anzahl von Büchern zu diesem Thema vor mit jeweils spezifischer Akzentsetzung. Einige Autoren beschäftigen sich vorrangig mit der *äußeren Gestaltung* der Feste und geben dazu praktische Anregungen. Andere haben es sich zur Aufgabe gemacht, die Jahresfeste ihrer *inneren Bedeutung* nach zu erarbeiten, ohne dabei auf die äußere Gestaltung einzugehen.

Doch gerade, wenn man mit Kindern Feste feiern will, ist die äußere Gestaltung, die bewußte Pflege älteren oder neueren Brauchtums unabdingbar.

Kinder brauchen das sinnvolle Bild. Dabei ist es von allergrößter Bedeutung, daß das äußere Bild in einer wahren Beziehung zum inneren Gehalt des Festes steht. Diese Beziehung aufzuzeigen, das Sinnbildhafte des äußeren Brauchtums herauszuarbeiten, ist das zentrale Anliegen dieses Buches.

Ungewöhnlich mag es vielleicht erscheinen, daß am Anfang die Ausführungen zum Johannifest stehen – beginnt doch der Jahreskreis in der christlichen Überlieferung mit der Adventszeit.

Der hier gewählten Reihenfolge liegen Überlegungen zugrunde, die sich im Verlauf der Arbeit an diesem Buch ergeben haben. Das Wirken des Christus auf Erden, an das wir durch die christlichen Feste alljährlich erinnert werden, begann mit der Jordantaufe durch Johannes.

Johannes ist der Wegbereiter und der große Verkünder der Menschwerdung Christi. Sein Wort erklang den Menschen mit solcher Gewalt, daß sie in ihm selbst den erwarteten Messias vermuteten.

Geht man den Weg von Johanni, dem Gedenktag an Johannes den Täufer, hin zu Pfingsten, so fällt auf, daß beide Feste mit der Kraft des Wortes zu tun haben.

Johannes scheint noch aus der schöpferischen Kraft des Urwortes zu sprechen – er stellt sich uns dar als höchster Repräsentant der vorchristlichen Menschheit. Doch er weiß auch, daß der ihm noch mögliche Zugang zu den göttlich-geistigen Weltengründen sich dem Ende zuneigt. Als Wegbereiter des Christus legt Johannes einen ersten Keim in die Seelen der Menschen.

An Pfingsten ist wiederum die Kraft des Wortes der Urgrund des Festes. In den Seelen der Jünger können wir die Frucht des Erdenwirkens des Christus erkennen.

Johannes weist noch wie von außen auf das Christuswirken hin; die Jünger predigen aus der individuellen Christuserfahrung in der eigenen Seele. Sie werden damit zu den ersten Repräsentanten einer Menschheit, in der das Pauluswort «Nicht ich, sondern der Christus in mir» Wahrheit wird.

Wir gehen also, wenn wir mit Johanni beginnen und mit Pfingsten enden, einen Menschheitsweg, den eine alte Weisheit durch die Festlegung der Feste in den Jahreskreislauf hineingeheimnißt hat.

Mit Johanni gehen wir zugleich von der Jahreszeit aus,

die dem Wesen des Kindes am meisten gemäß ist. Die sommerliche Hingabe an die Welt hat ihre Entsprechung in der Grundgestimmtheit der kindlichen Seele, taucht dort gewissermaßen als Lebensjahreszeit wieder auf.

Die Pflege dieser Hingabefähigkeit des Kindes steht im Mittelpunkt, wenn wir die Bräuche der christlichen Jahresfeste in verantwortungsvoller Weise betrachten und verlebendigen wollen.

Luise Schlesselmann

«Wir dürfen nicht unterschätzen,
welche Bedeutung für die Menschheit
so etwas hat wie die Hinlenkung
aller Aufmerksamkeit
auf eine Festeszeit des Jahres.»[1]

«Aus den Sternen herunter
haben sich die Menschen die Kraft geholt,
Feste zu begründen, die innerliche menschliche
Gültigkeit haben. Feste müssen die Menschen
aus innerer esoterischer Kraft begründen.
Dann werden sie aus den Zwiesprachen
mit welkenden, mit reifenden Pflanzen,
mit der absterbenden Erde, indem sie
die rechte innerliche Festesstimmung
dazu finden, wiederum auch Zwiesprache
halten können mit den Göttern
und menschliches Dasein an Götterdasein
anknüpfen können.»[2]

Rudolf Steiner

EINLEITUNG

Wenn man im Rahmen seiner Tätigkeit als Waldorfkindergärtnerin miterleben kann, wie verschieden in den einzelnen Elternhäusern eine Festeszeit gestaltet wird, und dann nachfragt, woher die Bräuche eigentlich kommen, die jeweils zu einem Fest gepflegt werden, so erhält man oft die Antwort: «Das war schon in meinem Elternhaus so.»

Angefangen mit dem Christbaumschmuck bis hin zu den Essensgewohnheiten verbindet sich der Mensch tief mit den Sitten und Bräuchen, die er als Kind erlebte.

Erinnern wir uns an die eigene Kindheit. Für mich gehörte zum Beispiel zum Heiligen Abend das einfache Butterbrot zur Mittagszeit und ein Festessen am späten Nachmittag. Dann läutete das Glöckchen, das uns ins Festzimmer rief. Der Raum, nur von Kerzen erhellt; der leuchtende Weihnachtsbaum; das Lochnerbild an der Wand, das dort nur zur Weihnachtszeit hing; der Duft von Tannen; das Singen der Lieder, vom Klavier begleitet – wie tief und bleibend sind diese Eindrücke im Leben eines Kindes.

Wie genau weiß ich es noch, daß mir eines Tages ein Nachbarsjunge die Existenz des Osterhasen ausreden wollte und ich am Ostermorgen ganz früh die Nase am Fenster plattdrückte, um mich seiner Existenz durch die leibhaftige Anschauung zu vergewissern. Aber er hatte schon gelegt, und obwohl ich ihn nicht sah, blieb mein Glaube an sein Dasein unerschüttert.

Das Pfingstfest verbindet sich für mich ganz mit der Sitte, am Pfingstsamstag an allen Außentüren frische Birkenzweige anzubringen, so daß man das Haus am Pfingstsonntag durch ein Tor von frischem Birkengrün betrat oder verließ.

So wird sicher mancher Eindrücke aus der Kindheit schildern können, die mit einem Fest in Zusammenhang stehen, und eines wird wohl all diesen Eindrücken gemeinsam sein: Es sind intensive Sinneswahrnehmungen, die man als Kind mit einem Fest verbindet.

Auf der anderen Seite erscheinen dem Erwachsenen viele Sitten und Gepflogenheiten oft nicht mehr ohne weiteres einsichtig. Ist es denn wahrhaftig, dem Kind vom Osterhasen zu erzählen? Was hat es damit auf sich, daß die Menschen älterer Zeiten offenbar für alle Feste Bilder in der Sinneswelt suchten und fanden?

Aus der historischen Überlieferung ist der Ursprung solcher Bilder meistens nicht mehr zu erfahren. Bücher, die sich mit Volksbräuchen befassen, weisen immer wieder darauf hin, daß vermutlich dieser oder jener Brauch aus heidnischer Zeit stamme, können aber keinen Aufschluß darüber geben, wie diese Bilder entstanden und welche Bedeutung sie haben könnten. Man steht vor den alten Volksbräuchen ähnlich ratlos wie vor den Märchenbildern. Der eine oder andere hat noch ein Empfinden dafür, daß eine tiefere Weisheit, als unser naturwissenschaftliches Denken sie uns vermittelt, in diesen Bildern darinnenliegt. Doch eben diese Denkungsart kann uns nicht weiterhelfen, wenn wir uns den Hintergründen der Feste nähern wollen.

Obwohl wir heute über die Entstehung der Bilder fast nichts mehr wissen, leben wir doch mit einer ganzen Reihe von ihnen und übernehmen sie bei der Festgestaltung, weil wir spüren, daß sie tiefere Schichten der Seele ansprechen.

Dieses Buch möchte die wesentlichen Bilder und Bräuche der christlichen Jahresfeste betrachten und nach den geistigen Hintergründen fragen. Es fußt auf einer langjährigen Beschäftigung mit den Jahresfesten auf der Grundlage der anthroposophischen Geisteswissenschaft und setzt beim Leser die Bereitschaft voraus, sich mit den Gedanken der Anthroposophie auseinanderzusetzen.

Im Vordergrund steht die Festgestaltung mit Kindern. Kinder leben wesensgemäß in intensiver Weise mit Bildern. Die Bilder eines Geschehens, die wir als Kinder aufnehmen konnten, tragen wir hinüber in unser Erwachsenendasein, das heißt, sie bleiben uns das ganze Leben lang erhalten. Da sie aber, wie bereits erwähnt, tiefere Schichten der Seele ansprechen, als das gewöhnliche abstrakte Denken es vermag, geben sie uns ein Bild von der Welt, das uns, oft unbewußt, nachhaltig prägt.

Es gehört wohl zu den schönsten Erlebnissen, wenn man beim Nachsinnen über die Eindrücke, die man als Kind empfindend aufnahm, zu der Erkenntnis kommen kann, daß es sich um *Wahr*bilder gehandelt hat.

Über Märchenbilder findet sich bei Wilhelm Grimm folgender Satz: «Gemeinsam allen Märchen sind die Überreste eines in die älteste Zeit hinauf reichenden Glaubens, der sich in bildlicher Auffassung übersinnlicher Dinge ausspricht.»[3] Um die bildliche Auffassung übersinnlicher Dinge handelt es sich auch bei den Bildern, die unsere Jahresfeste begleiten.

Bevor wir die Feste im einzelnen besprechen, wollen wir

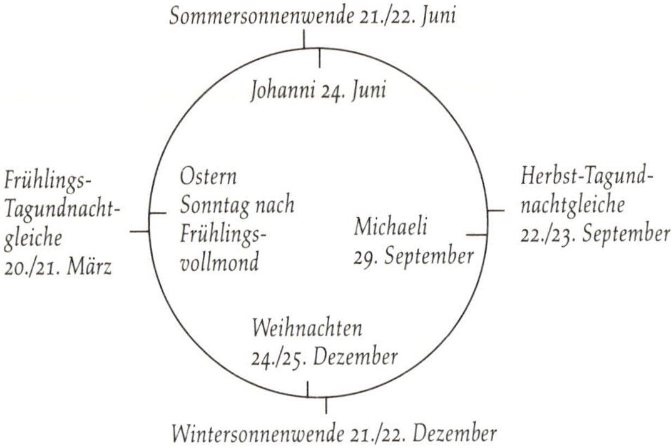

uns zunächst mehr allgemeinen Gedanken über die Jahresfeste zuwenden.

Jedes Fest hat innerhalb des Jahreskreislaufes seinen angestammten Platz. Auffallend ist, daß die vier großen Festeszeiten

Michaeli / Weihnachten / Ostern / Johanni

sich so hineinfügen, daß sie ihren Zeitpunkt jeweils wenige Tage *nach* den Natur-Höhepunkten haben (siehe Skizze).

Zwei Tatsachen drücken sich in dieser Eigentümlichkeit aus. Zum einen sind dadurch unsere Feste von den Naturfesten älterer Völker, rein zeitlich gesehen, abgesetzt. Zum anderen können wir deutlich einen inneren Zusammenhang der Feste mit dem jeweiligen Zeitpunkt, den sie im *Jahres*-Lauf einnehmen, bemerken.

Es ist das wechselnde Verhältnis der Erde zur Sonne, das den Jahreskreislauf bestimmt. Dieser Rhythmus zeichnet sich insbesondere aus durch Veränderungen der Lichtverhältnisse und der dadurch bedingten Veranderungen des Lebens auf der Erde, wie wir sie vor allem an der Pflanzenwelt wahrnehmen können. In der Zeit von der Sommersonnenwende bis zur Wintersonnenwende haben wir es zu tun mit dem abnehmenden Sonnenlicht, von der Wintersonnenwende bis zur Sommersonnenwende mit dem zunehmenden Sonnenlicht. Somit ist Johanni das erste Fest im Zeichen der abnehmenden Sonne, während Weihnachten das erste Fest im Zeichen des zunehmenden Lichtes ist.[4]

In seinem Vortragszyklus *Der Jahreskreislauf als Atmungsvorgang der Erde* spricht Rudolf Steiner darüber, wie in früheren Zeiten der Zusammenhang der Menschen mit dem Jahreslauf viel intensiver war als heute: «Wenn auch in unserer Gegenwart das Feiern der religiösen Feste mehr ein gewohnheitsmäßiges ist, so war es doch nicht immer so, und es gab Zeiten, in denen die Menschen ihr Bewußtsein verbanden mit dem Verlauf des ganzen Jahres ... die Menschen lebten dann mit, wie allmählich die Natur ihre Verwandlungen, ihre Metamorphosen durchmachte ... dieses Miterleben des Jahreslaufes war ja im Grunde genommen ein Durchgeistigen desjenigen, was man um sich herum nicht nur sah und hörte, sondern mit seinem ganzen Menschen erlebte.»[5] So war von vornherein eine lebendige Beziehung und Hinorientierung des Bewußtseins zu den Festen gegeben. Sie wurden nicht, wie heute so oft, aus reiner Gewohnheit und bloß aus Tradition gefeiert.

In der heutigen Zeit sind wir aufgerufen, uns die Zusammenhänge von Jahreskreislauf und Festeszeiten wieder bewußt zu machen und uns auf die geistigen Hintergründe der Feste zu besinnen. Die Menschen in früheren Zeiten, die diese Zusammenhänge noch unmittelbar erlebten, bildeten Sitten und Gebräuche aus, die teilweise bis in unsere Zeit hereinragen, zumeist aber nicht mehr verstanden werden. So entstehen Zerrbilder der Feste, oder sie geraten ganz in Vergessenheit.

Zu den vielen Gebieten des Lebens, denen Anthroposophie neue Impulse geben kann, gehört auch die Festgestaltung. Das vorliegende Buch will keine Rezepte dafür geben, sondern Anregung dafür sein, wie die christlichen Jahresfeste neu begriffen und gestaltet werden können; insbesondere ist dabei an Menschen gedacht, die mit Kindern Feste feiern wollen.

JOHANNI

Ein Fest, das in Vergessenheit geraten ist

Eines der Feste, die in der Vergangenheit allergrößte Bedeutung für die Menschen hatten, heute aber kaum mehr bekannt sind, ist das Johannifest. Heute folgt auf ein Halbjahr der Feste, nämlich von Advent bis Pfingsten, die festelose Zeit von Pfingsten bis Advent.

Das war keineswegs immer so. In vorchristlicher Zeit hatte gerade der heutige Johannitag als der Tag der Sommer-Sonnenwende eine herausragende Bedeutung für die Menschen. Wie mit der Christianisierung Weihnachten das alte Fest der Wintersonnenwende ablöste, so trat an die Stelle des alten Festes der Sommersonnenwende der Johannitag, der Geburtstag Johannes des Täufers, der auf den 24. Juni gesetzt wurde.

Die mit diesem Tag verbundenen Bräuche, zum Beispiel das Sonnwendfeuer, die zunächst auch in christlicher Zeit noch eine große Rolle spielten, sind heute so gut wie ausgestorben. Johanni gehört zu den Festen, die aus keiner Tradition mehr aufrecht erhalten werden, die eines neuen schöpferischen Tätigwerdens des Menschen bedürfen und erst wieder neu begründet werden müssen.

Das trifft zwar im wesentlichen für alle Feste zu, aber für Weihnachten, Ostern und Pfingsten hat sich noch eine christliche Tradition erhalten; sie bedürfen einer sinnvollen Belebung. Johanni aber, und auch Michaeli, existieren in der Tradition nicht mehr. Sie müssen nicht nur neu mit Sinn erfüllt, sondern völlig neu geschaffen werden.

Wie aber können wir heutigen Menschen dahin kommen, Feste neu zu begründen? Vielleicht kommen wir einer Antwort etwas näher, wenn wir zunächst betrachten, aus welchen Bedingungen heraus einmal Feste entstanden sind.

Alle großen Feste des Jahres, seien es nun christliche oder nichtchristliche, entstanden ursprünglich aus religiösen Impulsen. Als Momente besonderer Hinwendung oder Andacht, als zeitlich herausgehobene Denk-Male für die göttliche Welt hatten sie ihren Platz innerhalb des Jahreslaufes.

In dem Wort Andacht ist das Wort Denken enthalten. Die starke Abnahme des religiösen Lebens in heutiger Zeit hängt damit zusammen, daß wir die göttlich-geistige Welt immer weniger in unser Denken mit einbeziehen. Das aber wäre die Voraussetzung, um zum einen alte Feste zu beleben und zum anderen neue Feste gestalten zu lernen.

Wahre Religion hat und hatte immer das Bestreben, den Zusammenhang des Menschen mit der göttlich-geistigen Welt in den Mittelpunkt zu stellen. Dieses Zusammenhanges wurden sich die Menschen insbesondere zu den Festen als den Höhepunkten des religiösen Erlebens bewußt.

Daß viele Menschen heute keinen Zugang mehr zu traditionellen Formen der Religion finden, zeigt sich unter anderem daran, daß die Feste entweder völlig veräußerlicht oder ganz übergangen werden. Man freut sich über den gesetzlichen Feiertag, weil man nicht arbeiten muß, verbindet aber keinen Sinn mehr mit dem ursprünglichen Anliegen des Festes.

Einen Weg, wie der Mensch diesen Zusammenhang in heutiger Zeit wieder finden kann, hat Rudolf Steiner aufgezeigt. In seinem grundlegenden Werk *Wie erlangt man Erkenntnisse der höheren Welten?* beschreibt er den anthroposophischen Erkenntnisweg, der zu einer Anschauung der geistigen Welt führen kann. Er betont immer wieder, daß das unvoreingenommene menschliche Denken durchaus in der Lage ist, Tatsachen, die ihm aus der geistig-göttlichen Welt mitgeteilt werden, einzusehen. Wollen wir Festbräuche nicht nur aus alten Zeiten übernehmen und mehr oder weniger sinnvoll weiterführen, sondern wirklich, wenn auch zunächst in bescheidenen Ansätzen, «festesschöpferisch» werden, dann bedarf es einer Hinwendung zu dem Geistigen, das hinter dem Offenbaren der Sinneswelt verborgen ist.

Vielleicht können wir, wenn wir allmählich erahnen, weshalb der Johannitag gerade ein halbes Jahr vor Weihnachten in der Sommerszeit liegt, auch dazu kommen, eine sinnvolle Festgestaltung für diesen Tag zu finden.

Der Wegbereiter: Johannes der Täufer

Wenden wir uns zunächst der Gestalt zu, die diesem 24. Juni den Namen gegeben hat – Johannes der Täufer.

Johannes wird in der Bibel als Vorläufer und Wegbereiter des Christus dargestellt. Schon vor seiner Geburt wird auf die Beziehung dieser beiden Gestalten hingewiesen, und zwar in der Begegnung von Elisabeth, der Mutter des Johannes, und Maria.

In wenigen Worten wird uns dann geschildert, wie

Johannes heranwuchs, «stark im Geist» wurde und sich in die Wüste zurückzog, bevor er vor das Volk trat.

Seine äußere Erscheinung kann einen seltsam anmuten, aber es ist bezeichnend, daß sie uns überhaupt übermittelt wird: Während seines Aufenthalts in der Wüste war er bekleidet mit Kamelhaaren und einem ledernen Gürtel. Seine Nahrung bestand aus Heuschrecken[5a] und wildem Honig. Als er schließlich unter das Volk ging, strömten große Menschenmengen zu ihm, um sich von ihm taufen zu lassen.

Die Kraft seines Wesens und seines Wortes war so übermenschlich groß, daß viele ihn für den Messias hielten. Auf solche Vermutungen aber antwortete er mit dem Hinweis auf den Christus, von dem er im Lukas-Evangelium sagt: «Ich taufe euch mit Wasser; es kommt aber ein Stärkerer als ich, und ich bin nicht genug, daß ich ihm die Riemen seiner Schuhe auflöse; der wird euch mit dem heiligen Geist und mit Feuer taufen» (Lukas 3, 16).[6] Damit wird bereits von Johannes auf das Pfingstgeheimnis hingewiesen; es soll am Ende dieses Buches betrachtet werden.

Auch Jesus geht zu Johannes, um sich von ihm taufen zu lassen. Johannes vollzieht den Taufakt und wird damit zum Geburtshelfer für die Einwohnung des kosmischen Sonnengeistes, des Christus, in dem Leibe des Jesus von Nazareth.

Johannes bezeugt das Herabfahren des Geistes bei der Taufe, und er, dessen Wesensausstrahlung so beeindrukkend war, daß viele Jünger sich um ihn versammelt hatten, spricht die Worte aus: «Er muß wachsen, ich aber muß abnehmen» (Joh. 3, 30).

In den Zeugnissen über Johannes finden wir im Matthäus-Evangelium auch einen Hinweis auf die Wiederverkörperung, wenn es dort heißt: «Und (so ihr's wollt annehmen) er ist der Elia, der da kommen soll. Wer Ohren hat, der höre» (Matthäus 11, 14f.).

Versuchen wir, ausgehend von der äußeren Erscheinung des Täufers, sein Wesen zu erfassen.

Die Hinweise auf seine Kleidung und auf seine Nahrung scheinen andeuten zu wollen, daß er sich in die Zivilisationsströmung seiner Zeit nicht einfügt. Es ist, als käme er aus einer anderen Welt, aus einer Art Urzustand der Menschheit, in dem die Menschen noch in völliger Hingabe an die göttlich-geistige Welt lebten.

Seine einzige Nahrung, Honig und Heuschrecken, sind Attribute einer sommerlichen Welt. Vor allem im Honig strahlt uns Sonnenverwandtschaft entgegen. Es gibt wohl kein anderes Lebensmittel, das in solchem Maße das Gold des Sonnenlichtes in sich hineingenommen hat wie der Honig.

In der Bibel wird ferner geschildert, daß Johannes in der Wüste lebte. Betrachtet man diesen Hinweis rein dem äußeren Bild nach, so sehen wir in der Wüste einen Ort, an dem sich das Leben der Erde ganz zurückzieht, während die Wärme- und Lichtkräfte der Sonne von fast unerträglicher Dominanz sind.

Die Wüste als inneres Bild weist auf einen Zustand hin, in dem alles Eigenleben der Seele erstirbt. Dieser Zustand wäre, wenn er den Menschen als Krankheit heimsuchte, zerstörend. Wird er aber von der Seele innerhalb eines Schulungsweges bewußt gesucht, so macht er den Menschen erst bereit, ein höheres Leben in sich hineinzunehmen. In diese «Seelen-Wüste» begibt sich Johannes. Um seine Mission erfüllen zu können, muß er alles Eigenleben, alles Eigenwollen seiner Seele zum Ersterben bringen.

Ob wir das Bild der Wüste nun als äußere oder als innere

Tatsache ansehen, es scheint uns mitteilen zu wollen, daß Johannes sich völlig mit den kosmischen Lichtkräften verband. Erfüllt von diesen Kräften wuchs er über das Menschsein hinaus, er war, wie Christus sagte, ein «brennend und scheinend Licht». In Kunstdarstellungen wird dieses übermenschliche, kosmische Wesen des Johannes zuweilen dadurch zum Ausdruck gebracht, daß man ihm Flügel gibt, ihn engelgleich darstellt (siehe Abbildung).

Während Johannes wie ein letzter Repräsentant jener Menschheit erscheint, die mit ihrer Seele noch weit über sich hinauswachsen konnte, um sich dem kosmischen Licht der göttlichen Welt zu verbinden, geht der Christus den umgekehrten Weg. Er begibt sich in einen Erdenleib hinein, zieht sein Wesen so zusammen, daß ein menschlicher Leib ihm Wohnstatt bieten kann.

Die Zeit, in der sich die Menschheit naturgegeben mit den Göttern verbunden fühlte, ging zu Ende. Was früher aus vererbten Kräften heraus gepflegt und gehütet werden konnte und zu weisheitsvollen Einrichtungen führte, wurde schwächer und schwächer. Das Ich des Menschen wurde zunehmend individueller, richtete sein Interesse mehr und mehr auf die Sinneswelt.

Die einst führenden und lenkenden Götter zogen sich zurück. Auf der Erde selbst, in dem Bereich des sich entwickelnden Menschen-Ich, mußte das göttliche Licht geboren werden. Nur so konnte es von den Menschen wieder gefunden werden. Johannes vermochte es noch in den Himmelshöhen zu finden. Er aber wußte um diesen Kulminationspunkt in der Menschheitsgeschichte und sprach deshalb die Worte aus: «Er muß wachsen, ich aber muß abnehmen.» Er, der Christus, das Welten-Ich, er muß zunehmen und wachsen im Erdenbereich, in den Seelen der Menschen. Johannes aber als Repräsentant je-

Johannes als Engel.
Rumänische Ikone aus der Walachei, frühes 18. Jh.
Ikonenmuseum Schloß Autenried bei Günzburg.

ner alten Menschheit, die das höchste göttliche Wesen noch in den kosmischen Weiten erlebte, er muß abnehmen. Seine Zeit geht zu Ende, er bereitet aber dem Neuen den Weg. Die ersten Jünger Jesu gehörten vorher zu Johannes, er selbst weist ihnen den Weg zu dem, dessen Wegbereiter er ist.

Johanni im Jahreslauf: zwei Erlebnisse

Nachdem wir nun die Gestalt des Täufers betrachtet haben, wollen wir im folgenden den Blick auf die Johannizeit, wie sie sich uns im Jahreslauf darstellt, richten.

Am Beginn möchte ich zwei Erlebnisse schildern, die ich vor einigen Jahren hatte. Eine Urlaubsreise führte mich nach Irland. Dort gibt es eines der am besten erhaltenen Ganggräber. Zum besseren Verständnis muß hinzugefügt werden, daß diese Gräber wohl nicht nur den Toten geweiht, sondern zugleich Stätten waren, an denen die Menschen zur geistigen Welt in Beziehung traten; sie lauschten gleichsam auf die Sprache der Götter.

Schon aus einiger Entfernung erblickt man den Hügel von Newgrange, etwa 50 km nördlich von Dublin gelegen, in dessen Innerem sich das Ganggrab befindet. Wegen des starken Touristenstromes ist es für gewöhnlich nicht möglich, diesen Ort allein zu besuchen. Man wird in Gruppen von etwa 20 Menschen in das Ganggrab hineingeführt und kann nur eine begrenzte Zeit dort verweilen. Es bietet sich an, sich an das Ende der Menschenschlange zu stellen, um so wenigstens einigermaßen in Ruhe den Weg in das Innere dieser Stätte betrachten zu können.

Links und rechts des Ganges stehen hohe Steine, die oben wiederum von Steinen abgedeckt sind. Einige Steine zeigen Ritzzeichnungen. Im Inneren des Hügels befindet sich eine kreuzförmige Innenkammer. Das Besondere an Newgrange ist die sogenannte «Roof Box», ein Fensterloch oberhalb des Einganges. Dieses rechteckige «Fenster» liegt in einer mit Quarzsteinen ausgemauerten Einbuchtung oberhalb des Decksteines über dem Eingang.

Durch diese «Roof Box» fällt nun jeweils um die Zeit der Wintersonnenwende für etwa eine viertel Stunde das Licht der aufgehenden Sonne auf einen Punkt in der Mitte des kreuzförmigen Innenraumes. Berichten zufolge erscheint es plötzlich in der völligen Dunkelheit der Kammer und verschwindet dann ebenso plötzlich wieder.

Wenn man während eines Sommerurlaubs dieses Phänomen auch nicht beobachten kann, so bekommt man beim Begehen dieses Ganggrabes doch eine Ahnung davon, wie das Erscheinen dieses Lichtpunktes in der absoluten Dunkelheit dieser Kammer wohl auf denjenigen gewirkt haben mag, der dieses Phänomen erlebte. Das Erscheinen des Lichtes im Dunkel des Erdbereiches zur Zeit der Wintersonnenwende birgt in sich das Geheimnis des Wintermysteriums.

Ein völlig anderes Erlebnis kann man haben, wenn man die Externsteine in der Nähe von Paderborn besucht.

Mitten im Wald ragen einige majestätische Felsen aus dem Erdboden heraus. Auf einer steinernen Treppe steigt man den Felsen hinauf, muß, ganz oben angelangt, noch eine Art Hängebrücke überqueren und steht endlich oben auf einem der Felsen, der wie ein Altar ausgehauen ist. In die eine Felswand, die wie eine Mauer oben den Felsen abschließt, ist ein kreisrundes Loch geschlagen. Durch diese Öffnung fällt zur Sommersonnwendzeit bei Sonnenaufgang für einige Zeit das Licht auf einen Punkt an der hinteren Felswand. Da mit der Chistianisierung mannigfache Zerstörungen an den Externsteinen vorgenommen wurden, kann man heute nur noch erahnen, wie dieses sogenannte Sacettum einmal im Urzustand ausgesehen haben mag.[6a] Heute überblickt man von dort oben aus weit das Land.

Wir hatten den Felsen bestiegen, das Erlebnis in luftiger Höhe hinter uns und saßen nach dem Abstieg auf einer Bank in dem angrenzenden Wald. Und fast gleichzeitig sprachen wir dann aus, welche Empfindung wir dort oben gehabt hatten. Es schien uns, als wären wir ganz weit von der Erde weggewesen, losgelöst vom Erdengeschehen und ganz den Himmelsweiten hingegeben.

Später habe ich Hochhäuser bestiegen und geprüft, ob man dieses Gefühl auch dort in objektiv höheren Bereichen hat. Aber dieses Gefühl tauchte nicht auf.

Beide Erlebnisse, sowohl Newgrange als auch die Externsteine, führen einen an die Grenze dessen, was man noch ertragen kann. In Newgrange sind es die Dunkelheit und Enge des Raumes, die einen bedrücken können; bei den Externsteinen ist es die Raumlosigkeit, die einen in Gefahr bringt, sich zu verlieren. Beide Orte zwingen zu seelischer Disziplin.

Warum schildere ich diese beiden Erlebnisse?

In Newgrange ist es die aufgehende Wintersonne, die ihr Licht für einige Minuten in die Dunkelheit der Erdkammer spendet. Hier waren die Menschen offenbar in besonderer Weise den Geheimnissen des Winterfestes verbunden. Auf dem Felsen der Externsteine ist es die aufgehende Sommersonnwendsonne, die für die Menschen von besonderer Bedeutung war.

Ersteres spielt sich im absoluten Innenraum ab; ein Erlebnis, das dem christlichen Weihnachtsgeschehen, wenn es denn wirklich tief erlebt wird, nahe kommt. Letzteres aber löst den Menschen fast von dem Erdenraum los, hebt ihn hinauf in die Nähe des Himmelsgewölbes und führt ihn zu einem Erlebnis, das ich nicht anders als «kosmische Nähe» nennen kann. Die Erde erscheint gleichsam dem Himmel entgegengehoben. Was mag die Menschen früherer Zeiten dazu inspiriert haben, Stätten zu schaffen, die uns selbst heute noch an Erfahrungen heranführen können, die unmittelbar mit dem Geheimnis von Sommer und Winter zusammenhängen?

Die Natur zur Sommerzeit

Betrachten wir nun die Sommerzeit, wie sie uns in der Natur entgegentritt.

Die Frühlingssonne hat die Pflanzen aus der Erde hervorgelockt. Je früher im Jahr die Pflanzen zu blühen beginnen, um so näher bleiben sie noch der Erde; man denke an das Schneeglöckchen, den Krokus oder die Anemonen. Mit zunehmender Wärme kommen dann andere Frühlingsblumen zur Blüte, zum Beispiel die Narzissen. Wenn dann diese ersten, im erdnahen Bereich blühenden Blumen allmählich verwelken, beginnt eine zweite Blütenwelle sich auszubreiten. Die Obstbäume, allen voran die Kirschen, breiten ihr zartes Blütenkleid aus. Während Narzissen und Osterglocken – wie der Name schon sagt – um Ostern herum blühen, findet die Blüte der Kirschen, des Weißdornes oder der Äpfel etwa gegen Himmelfahrt statt. War um Ostern herum das Blütengewand der Erde noch ganz in der Nähe des Erdbodens, so erfüllt nun die Blüte der Obstbäume und anderer Rosenblütler den Luftraum der Erde.

Je weiter das Jahr fortschreitet, um so intensiver werden die Düfte, die die Blumen ausströmen. Mit der Baumblüte kann man dann eine mannigfaltige Insektenwelt wahrnehmen, die die Blüten der Bäume umschwirren und umsummen.

Auf den Wiesen erscheinen nun der Löwenzahn, der Hahnenfuß und endlich der ganze Teppich der vielgestaltigen Wiesenblumen, die während des Monats Mai dazu verlocken, bunte Blumensträuße zu pflücken.

In der Zeit zwischen Ostern und Himmelfahrt treiben auch die Laubbäume ihr Blattwerk hervor. Ein Laubwald wirkt um Pfingsten herum noch hell und licht vom frischen Grün der Blätter; selbst Nadelwälder strahlen durch die frischen Triebe so viel Lichthaftes aus wie zu keiner anderen Zeit des Jahres.

Dann aber, um Johanni herum beginnend, dunkelt das Grün immer mehr ab, die Blumenwiesen verblühen allmählich, und man sieht die Gräser und ihre Samenrispen täglich höher aufsprießen. Die Sonne steht nun fast senkrecht am Himmel und brennt auf die Erde hernieder; die Luft scheint dichter und schwerer zu werden. In den Gärten beginnt die erste Rosenblüte; auch andere, oft hochaufschießende Blumen fangen an zu blühen, man denke an die Stockrose oder den Rittersporn.

Wenn man in dieser Zeit, etwa Ende Juni, Anfang Juli, auf einer Wiese steht und lauscht, so hört man das vielstimmig-einstimmige Konzert der Insektenwelt. Das Mittagsgesumme der Insekten löst den morgendlichen Frühlingsgesang der Vögel ab. Und hat der «Frühchoral» der Vögel noch etwas Erquickendes, Freudiges und Wekkendes, so erscheint das Summen der Insekten wie ein einziger in den Lüften auf- und abwogender Ton, der den Menschen zum Träumen und Einschlafen einlädt.

Während auf der einen Seite die Erde alles Leben aus sich heraustreibt in ihren Umkreis hinein, entsteht auf der anderen Seite der Eindruck, als näherten sich die Licht- und Wärmekräfte des Kosmos der Erde.

In dieser sonnendurchglühten Atmosphäre verschwistern sich die Insekten, vor allem die Bienen und die Schmetterlinge, mit den Pflanzenblüten.

Es breitet sich eine Stimmung aus, die auch den Menschen ergreifen kann. Verspüren nicht auch wir das Bedürfnis, die Sonnenkräfte, die der Erde jetzt so nahe sind, in uns aufzunehmen?

Aber nicht nur die Bienen und Schmetterlinge vermählen sich mit den Blüten der Pflanzen; Erde und Kosmos selbst scheinen sich miteinander vereinigen zu wollen. Zu keiner anderen Jahreszeit sind die wärmenden Lichtkräfte des Kosmos so innig mit der Erde verbunden wie um diese Zeit.

Wenn wir uns nun an das Erlebnis bei den Externsteinen erinnern, so können wir zwischen den Erfahrungen, die dort zu machen sind, und denen, die wir um die Johannizeit in der Natur machen, durchaus Parallelen ziehen. Die Seele löst sich ein wenig ab von ihrem Standbein auf der Erde, sie neigt dazu, sich von den Erdenverhältnissen zu entfernen. Gibt man aber dem Hang zum Träumen nicht nach, sondern versucht, diese Zeit bewußt zu erleben, so beginnt man, voller Staunen diese Verbindung von Erde und Kosmos in ihrem ganzen Reichtum nachzuempfinden.

Bislang haben wir die Sommerzeit mehr aus einem persönlichen Erleben heraus betrachtet. Von diesem Erleben hin zu einem tieferen Verständnis bedarf es eines weiteren Schrittes.

«Um die Natur zu begreifen, muß man die Natur innerlich in ihrer ganzen Folge entstehen lassen. Bei dieser Unternehmung muß man sich bloß von der göttlichen Sehnsucht nach Wesen, die uns gleich sind, und den notwendigen Bedingungen, dieselben zu vernehmen, bestimmen lassen, denn wahrhaftig die ganze Natur ist nur als Werkzeug und Medium des Einverständnisses vernünftiger Wesen begreiflich» – so schreibt Novalis in dem Fragment *Die Lehrlinge zu Sais*.[7]

Die notwendigen Bedingungen, diese Wesen, die in der Natur gestaltend und schaffend tätig sind, zu vernehmen, haben die Menschen in früherer Zeit aufgrund eines ihnen noch gegebenen hellseherischen Bewußtseins weit mehr erfüllt, als dies heute der Fall sein kann.

In dem Maße, in dem die menschliche Vernunft sich mehr der Sinneswelt und deren Erforschung zugewandt hat, erstarb die Fähigkeit, hinter den Schleier dieser Sinneswelt zu schauen. Heute sind wir auf die Schilderungen derjenigen Menschen angewiesen, die diesen Schleier hinwegzuziehen vermochten und vermögen.

In seinem Vortragszyklus *Der Jahreskreislauf als Atmungsvorgang der Erde* schildert Rudolf Steiner die Naturvorgänge in den verschiedenen Jahreszeiten von der geistigen Seite aus. Er schildert in diesen Vorträgen die Erde als einen lebendigen, von Geistigkeit durchzogenen Organismus. Für ein Verständnis dieser Aussagen ist es wichtig sich zu vergegenwärtigen, daß Rudolf Steiner in diesem Zusammenhang nicht nur die Erdkugel meint, wenn er von der Erde spricht, sondern daß all jene Reiche dazugehören, die die Erde bevölkern; also nicht nur das Mineralreich, sondern auch das Pflanzen-, Tier- und Menschenreich; «die Gesamtheit alles Lebendigen, alles beseelt Körperlichen, das sich auf der Erde findet», muß einbezogen werden.[8]

Rudolf Steiner beschreibt das Leben der Erde im Jahreslauf in einer Metapher. Er vergleicht dasjenige, was die Erdenseele während eines Jahres durchlebt, mit einem großen Atemzug. Im Winter atmet die Erde ihre Seele ganz ein. Die Seele lebt im Innenraum, konzentriert sich auf ein nach innen gerichtetes Dasein. Diesen Zustand nennt er, und das mag zunächst fremd erscheinen, den Wachzustand der Erde. Er vergleicht dieses Winterdasein der Erde mit der konzentrierten Wachheit eines Menschen, der ganz bei sich ist. Alles Leben im Umkreis der Erde erstarrt, zieht sich zurück ins Innere. Dort im Inneren aber wird in unsichtbarer Aktivität schon all das vorbereitet, was im kommenden Frühling wieder in den Umkreis hinauswachsen will.

Die Pflanzen treiben die ersten Sprossen hervor, ein Teil der Tierwelt erwacht aus dem Winterschlaf – und die Menschen? Nun, die Menschen leiden an der Frühjahrsmüdigkeit und zeigen damit deutlich, daß sie auch der Erde zugehörige Wesen sind – denn die Erde beginnt nun auszuatmen, verströmt ihre Seele in den Umkreis: Sie beginnt einzuschlafen. Dieser Schlaf ist am tiefsten um die Johannizeit. Während die Erde all ihre Kräfte in ihren Umkreis hinein verströmt, kommen ihr aus den kosmischen Weiten die Himmelskräfte entgegen. Erdengeistigkeit und kosmische Geistigkeit vereinen sich während des Sommers und durchfluten, durchwärmen und durchleuchten den ganzen Erdenumkreis.

Diesen geistigen Sommerzustand der Welt empfindet Goethe in seinem *Faust*[9] in wunderbarer Weise nach (Erster Teil, Nacht):

> Wie alles sich zum Ganzen webt,
> Eins in dem andern wirkt und lebt!
> Wie Himmelskräfte auf und nieder steigen
> Und sich die goldnen Eimer reichen!
> Mit segenduftenden Schwingen
> Vom Himmel durch die Erde dringen,
> Harmonisch all das All durchklingen!

Damit sind wir von einer anderen Seite her wieder dort angelangt, wo wir uns schon befanden, als wir das Leben der Natur von der eigenen Erfahrung her betrachteten.

Wir Menschen können diesen Prozeß an uns selbst beobachten. Mit der Neigung unserer Seele zum sommerlichen Träumen machen wir den Ausatmungs- beziehungsweise Einschlafprozeß der Erde durchaus mit; wir können uns allerdings kraft unseres Bewußtseins diesem Einfluß auch widersetzen.

In der Vereinigung von Kosmos und Erde entsteht in der Natur eine unbändige Werdelust. Gerade im Frühsommer kann man diese Tendenz besonders beobachten. Das Wachstum der Pflanzen überschlägt sich fast. Kaum aber ist Johanni vorbei, beginnt auch schon alles der Reife zuzustreben. Wir nähern uns dem Hochsommer, der Zeit der Ernte.

Elementarwesen und Naturwesenheiten

Um zu einer konkreteren und differenzierteren Vorstellung von Erdengeistigkeit und kosmischer Geistigkeit zu gelangen, kann uns die germanische Mythologie eine Hilfe sein. In den Mythologien wurde ja nichts Geringeres in bildhafter Art zum Ausdruck gebracht als dasjenige, was die Menschen als geistigen Urgrund des Seins erlebten.

Die Edda schildert uns die Urwelt getragen von einem Weltenbaume, der alles Sein umspannt. Im mittleren Bereich dieser Welt lebt der Mensch. Im unteren Bereich, für das Menschenauge verborgen, leben die Zwerge, Elfen, Joten und Thursen, und im Geäst des Baumes, von dessen Spitzen den Menschen die Sterne entgegenfunkeln, leben die Götter. Die leuchtende Brücke aber zwischen oben und unten heißt «Bivrost», der bebende Steg; wir nennen ihn den Regenbogen.

Die obere Welt wird Asgard, die untere Jotunheim, die mittlere, die Welt der Menschen, wird Midgard genannt.[10]

Betrachten wir diesen Mythos, so beginnen wir zu ahnen, daß in den sommerlichen Regenbögen vielleicht einmal ein Bild gesehen wurde für die Vereinigung von kosmischen und irdischen Kräften. In der Edda war der Regenbogen der Steg, auf dem die Götter herabwandelten.

In jenen Wesenheiten aber, die uns als Götter geschildert werden, können wir wiedererkennen die Welt der Hierarchien, die verschiedenen Reiche der Engel, die uns aus der christlichen Überlieferung bekannt sind.[11]

Zwerge, Elfen und Riesen sind uns aus den vielfältigen Märchen- und Sagendichtungen der Völker bekannt. Sie leben, nach der Edda, im unteren Bereich, verborgen für das Menschenauge.

Zur Existenz dieser unteren Wesenheiten führt Rudolf Steiner in den Vorträgen *Der Mensch als Zusammenklang des schaffenden, bildenden und gestaltenden Weltenwortes* aus: «Die geistige Anschauung führt uns dann, wenn wir auf die Pflanzenwelt blicken, gleich zu einer Fülle von Wesenheiten, die in den alten Zeiten des instinktiven menschlichen Hellsehertums auch gewußt worden sind, erkannt worden sind, dann aber vergessen worden sind, und heute nur noch Namen darstellen, welche die Dichter verwenden, denen eigentlich eine Realität von der heutigen Menschheit nicht zugeschrieben wird. Aber in demselben Maße, in dem den Wesen, welche die Pflanze umschwirren und umweben, keine Realität zugeschrieben wird, verliert man das Verständnis für die Pflanzenwelt.»[12]

Daß es uns in heutiger Zeit außerordentlich schwer fällt, diesen Wesenheiten eine Realität zuzubilligen, steht außer Frage. Wenn wir sie auch nicht mit Augen schauen können, so können wir doch eine Empfindung für ihr Wirken entwickeln.

Novalis spricht von der «göttlichen Sehnsucht», die uns bestimmen sollte bei der Suche nach den geistigen Wesen, denen die Natur das «Werkzeug» ihres Wirkens ist.

Man kann in dieser Hinsicht viel von Kindern lernen, denen diese «göttliche Sehnsucht», also das Bedürfnis, hinter allem die unsichtbare Kraft zu suchen, so viel näher ist als uns Erwachsenen. Wie reich ist die Welt eines Kindes, das mit dieser «göttlichen Sehnsucht» im Herzen die Welt erobert. Es ist zu bedauern, daß Erwachsene dieses staunende Fragen nur allzuoft durch naturwissenschaftliche Erklärungen der Phänomene zum Verstummen bringen.

So wird dem Kind jedes Geheimnis der Welt, dem es eigentlich nachspüren möchte, verdunkelt. Wir Erwachsenen verursachen das «Verschwinden der Kindheit» selber, weil wir meinen, daß die Kinder von uns lernen müßten, was wahr und unwahr ist – statt daß wir von ihnen lernen.

Mit welcher Überzeugung und Sicherheit erzählen manche Kinder von kleinen Wichten. Ein fünfjähriger Bub malte einmal ein Bild mit einem recht merkwürdigen Gesellen darauf, brachte es mir und sagte: «Der ist winzig klein, ich habe ihn größer gemalt. Der kommt immer abends durch das Schlüsselloch und kitzelt mich.»

In seinem Buch *Kindheit des Zauberers* beschreibt Hermann Hesse sein Verhältnis zu einem Wicht, der ihn zu allerlei Unfug anstiftete. Er konnte sich dem Einfluß dieses Wesens nicht entziehen und war zugleich unfähig, den

Erwachsenen diesen Begleiter seiner Kindheit glaubhaft zu machen – sie sahen ihn nicht.

Kinder erleben die Welt von Wesenhaftem durchdrungen. Sie sehen ein totes Hummelchen, versammeln sich darum und suchen ihm einen Platz zum Ruhen. Es ist ihnen mehr als nur ein toter Leib. Sie treten in einer Weise mit Stein, Pflanze und Tier in Beziehung, die so persönlich, so von seelischer Zwiesprache durchdrungen ist, daß man sich als Erwachsener daneben arm und ausgeschlossen fühlen kann.

Wollte der Christus auf diese Kräfte hinwiesen, als er sagte: «Wahrlich ich sage euch, und werdet ihr nicht wie die Kindlein, ihr werdet nicht ins Himmelreich kommen» (Matth. 18,3)?

Es heißt nicht: und bleibet ihr nicht wie die Kindlein, sondern es heißt «und *werdet* ihr nicht wie die Kindlein». Das Christus-Wort weist also auf einen Prozeß, einen Weg. Kinder haben ihre Wahrnehmungsfülle noch gottgegeben, sie erleben die Welt in einer Intensität, in einer Unmittelbarkeit und Wesenhaftigkeit, die im Erwachsenenalter nicht mehr vorhanden ist. Von Natur aus geraten wir in ein mehr oder weniger abstraktes, auf das Materielle gerichtete Denken hinein. Erst wenn wir das Leblose dieses Denkens empfinden, wenn wir den Mangel fühlen, der uns dadurch entsteht, kann in uns die «göttliche Sehnsucht», von der Novalis spricht, erwachen.

Wir können nicht wie die Kinder bleiben und auch nicht ohne eigenes Dazutun wieder im neuen Sinne zu Kindern werden. Aber wir können, gerade in bezug auf das Johannifest, unendlich viel lernen, wenn wir genau hinschauen und Kindern beim Umgang mit der sommerlichen Natur zusehen.

In den Kinderseelen lebt etwas von der kosmischen Weite, die während des Sommers im Erdenumkreis zu spüren ist. Das kindliche Wesen ist dem Sommer verwandt. Wie im Sommer das Sonnenlicht die Erde ganz einhüllt in Wärme und Licht, wie die Erde über sich selbst hinauswächst und ihre Geistigkeit in den Umkreis hinein verströmt, so lebt auch die kindliche Seele noch im Umkreis und zieht erst allmählich in den Leib hinein, um ihn schließlich ganz zu individualisieren.

Nicht nur Kinder, auch die Überlieferungen einer alten Weisheit, die Märchen und Sagen, vermitteln uns etwas von der geistigen Vielfalt der Natur. Die Volksmythen entstanden ja zu einer Zeit, da die Menschheit selbst sich noch in einem ausklingenden Kindheitsstadium befand.

Viele «Hochsommermärchen» berichten uns von solchen Wesenheiten, die man gemeinhin Elementarwesen nennt, weil sie in den Elementen der Erde zu Hause sind; dazu gehören insbesondere die irischen Elfenmärchen. Hochsommermärchen nenne ich sie deshalb, weil sie die während des Hochsommers ausgebreitete Stimmung widerspiegeln.

Gerade durch die Beschäftigung mit den Märchen kann es uns gelingen, allmählich wieder die Welt der Elementarwesen verstehen zu lernen. Versuchen wir nun, anhand eines Märchens etwas mehr über das Wesen der Naturgeister und ihr Verhältnis zu den Menschen zu erfahren.

Wir wollen von dem Grimmschen Märchen *Die Geschenke des kleinen Volkes* ausgehen, das die Johanni-Stimmung in ganz besonderer Weise wiedergibt.

«Die Geschenke des kleinen Volkes»

Ein Schneider und ein Goldschmied wanderten zusammen und vernahmen eines Abends, als die Sonne hinter die Berge gesunken war, den Klang einer fernen Musik, die immer deutlicher ward; sie tönte ungewöhnlich, aber so anmutig, daß sie aller Müdigkeit vergaßen und rasch weiter schritten. Der Mond war schon aufgestiegen, als sie zu einem Hügel gelangten, auf dem sie eine Menge kleiner Männer und Frauen erblickten, die sich bei den Händen gefaßt hatten und mit größter Lust und Freudigkeit im Tanze herumwirbelten: sie sangen dazu auf das lieblichste; und das war die Musik, die die Wanderer gehört hatten. In der Mitte saß ein Alter, der etwas größer war als die übrigen, der einen buntfarbigen Rock trug und dem ein eisgrauer Bart über die Brust herabhing. Die beiden blieben voll Verwunderung stehen und sahen dem Tanz zu. Der Alte winkte, sie sollten eintreten, und das kleine Volk öffnete bereitwillig seinen Kreis. Der Goldschmied, der einen Höcker hatte und wie alle Buckeligen keck genug war, trat herzu: der Schneider empfand zuerst einige Scheu und hielt sich zurück; doch als er sah, wie es so lustig herging, faßte er sich ein Herz und kam nach. Alsbald schloß sich der Kreis wieder, und die Kleinen sangen und tanzten in den wildesten Sprüngen weiter; der Alte aber nahm ein breites Messer, das an seinem Gürtel hing, wetzte es, und als es hinlänglich geschärft war, blickte er sich nach den Fremdlingen um. Es ward ihnen angst, aber sie hatten nicht lange Zeit, sich zu besinnen, der Alte packte den Goldschmied und schor in der größten Geschwindigkeit ihm Haupthaar und Bart glatt hinweg; ein gleiches geschah hierauf dem Schneider. Doch ihre Angst verschwand, als der Alte nach vollbrachter Arbeit beiden freundlich auf die Schulter klopfte, als wollte er sagen, sie hätten es gut gemacht, daß sie ohne Sträuben alles willig hätten geschehen lassen. Er zeigte mit dem Finger auf einen Haufen Kohlen, der zur Seite lag, und deutete ihnen durch Gebärden an, daß sie ihre Taschen damit füllen sollten. Beide gehorchten, obgleich sie nicht wußten, wozu ihnen die Kohlen dienen sollten, und gingen dann weiter, um ein Nachtlager zu suchen. Als sie ins Tal gekommen waren, schlug die Glocke des benachbarten Klosters zwölf Uhr: augenblicklich verstummte der Gesang, alles war verschwunden, und der Hügel lag in einsamem Mondschein.

Die beiden Wanderer fanden eine Herberge und deckten sich auf dem Strohlager mit ihren Röcken zu, vergaßen aber wegen ihrer Müdigkeit, die Kohlen zuvor herauszunehmen. Ein schwerer Druck auf ihren Gliedern weckte sie früher als gewöhnlich. Sie griffen in die Taschen und wollten ihren Augen nicht trauen, als sie sahen, daß sie nicht mit Kohlen, sondern mit reinem Gold angefüllt waren; auch Haupthaar und Bart waren glücklich wieder in aller Fülle vorhanden. Sie waren nun reiche Leute geworden, doch besaß der Goldschmied, der seiner habgierigen Natur gemäß die Taschen besser gefüllt hatte, noch einmal so viel als der Schneider. Ein Habgieriger, wenn er viel hat, verlangt noch mehr; der Goldschmied machte dem Schneider den Vorschlag, noch einen Tag zu verweilen, am Abend wieder hinauszugehen, um sich bei dem Alten auf dem Berge noch größere Schätze zu holen. Der Schneider wollte nicht und sagte: «Ich habe genug und bin zufrieden: jetzt werde ich Meister, heirate meinen angenehmen Gegenstand (wie er seine Liebste nannte) und bin ein glücklicher Mann.» Doch wollte er, ihm zu Gefallen, den Tag noch bleiben. Abends hing der Goldschmied noch ein paar Taschen über die Schulter, um recht einsacken zu können, und machte sich auf den Weg zu dem Hügel. Er fand, wie in der vorigen Nacht, das kleine Volk bei Gesang und Tanz, der Alte schor ihn abermals glatt und deutete ihm an, Kohlen mitzunehmen. Er zögerte nicht, einzustecken, was nur in seine Taschen gehen wollte, kehrte ganz glückselig heim und deckte sich mit dem Rock zu. «Wenn das Gold auch drückt», sprach er, «ich will das schon ertragen», und schlief endlich mit dem süßen Vorgefühl ein, morgen als steinreicher Mann zu erwachen. Als er die Augen öffnete, erhob er sich schnell, um die Taschen zu untersuchen, aber wie erstaunte er, als er nichts herauszog als schwarze Kohlen, er mochte so oft hineingreifen, als er wollte. Noch bleibt mir das Gold, das ich die Nacht vorher gewonnen habe, dachte er und holte es herbei; aber wie erschrak er, als er sah, daß es ebenfalls wieder zu Kohle geworden war. Er schlug sich mit der schwarzbestäubten Hand an die Stirne, da fühlte er, daß der ganze Kopf kahl und glatt war wie der Bart. Aber sein Mißgeschick war noch nicht zu Ende; er merkte erst jetzt, daß ihm zu dem Höcker auf dem Rücken noch ein zweiter, ebenso großer, vorn auf der Brust gewachsen war. Da erkannte er die Strafe seiner Habgier und begann laut zu weinen. Der gute Schneider, der davon aufgeweckt ward, tröstete den Unglücklichen, so gut es gehen wollte, und sprach: «Du bist mein Geselle auf der Wanderschaft gewesen, du sollst bei mir bleiben und mit von meinem Schatz zehren.» Er hielt Wort, aber der arme Goldschmied mußte sein Lebtag die beiden Höcker tragen und seinen kahlen Kopf mit einer Mütze bedecken.

Das kleine Volk tanzt am Abend auf einem Hügel nach einer weithin klingenden Musik. Die Sonne ist schon untergegangen und der Mond aufgestiegen. Um Mitternacht endet der Zauber, und alles liegt still da. Der Tanz des kleinen Volkes findet also in einer Mondscheinstimmung statt.

Die beiden Wanderer werden ganz freundlich aufgenommen und vom Alten in den Kreis hereingewinkt. Dann aber schert der Alte ihnen in der größten Eile Bart- und Haupthaare ab. Danach dürfen sie sich aus einem Haufen Kohlen bedienen und werden freundlich entlassen. Im Schlaf verwandeln sich diese Kohlen in Gold, und Bart- und Haupthaar wächst wieder in aller Fülle nach.

Betrachten wir die bis jetzt angesprochenen Motive. Warum erzählen uns so viele Märchen von dem Verhältnis dieser Wesen zum Mondenlicht? Der Mond spiegelt das Licht der Sonne wider. Sein Licht entspringt nicht eigenen schöpferischen Kräften. Vom Mondenschein angezogen, verlassen die kleinen Leute das Erdreich und leben dabei in Tanz und Gesang höchste Freude aus. Das Mondenlicht scheint sie zu inspirieren und anzuregen.

Nun kommen menschliche Wesen hinzu, ein Schneider und ein Goldschmied. Sie werden bereitwillig in den singenden und tanzenden Kreis aufgenommen, doch plötzlich schert ihnen ein Alter Bart- und Haupthaare ab. Warum verlangt es das kleine Volk gerade nach den Haaren?

Die Haare des Menschen sind fortwährendem Wachstum unterworfen. Die Wachstumskräfte aber hängen unmittelbar mit unserer Lebensorganisation zusammen, und die menschlichen Lebenskräfte, die zugleich Gedanken- und Weisheitsträger sind, finden wir im Bild der Haupt- und Barthaare wieder. Noch bis vor wenigen Jahrhunderten galt der Bart denn auch als ein Zeichen von Weisheit.[12a]

Diese menschlichen Kräfte sind es, die das kleine Volk begehrt, denn menschliche Weisheit, menschliches Denken sind anderer Natur als die Verstandeskräfte des Erdvolkes. Der Mensch verfügt über die Fähigkeit zu schöpferischem Denken, diese haben die Gnome nicht. Rudolf Steiner schildert sie uns zwar als blitzgescheite Wesen, da die Gedankenwelt sozusagen wie ein aufgeschlagenes Buch vor ihnen liegt, in dem sie nur lesen müssen. Sie können aber nicht selbst schöpferische Gedanken hervorbringen, sondern nur spiegeln, was da ist – so wie der Mond die Sonnenkräfte spiegelt. Das mag auch der Grund dafür sein, daß sie bei Mondenschein tanzen und singen. Die Mondenkräfte sind ihren eigenen Kräften verwandt.

Das kleine Volk nimmt aber nicht nur etwas vom Menschen, sondern beschenkt ihn auch. Zunächst sieht es wie schwarze Kohle aus, doch am nächsten Morgen erweist es sich als lauteres Gold.

Kohle ist eine uralte Substanz der Erde, entstanden aus früheren Pflanzenreichen. Auch diese Pflanzen waren einmal von Lebenskräften durchdrungen und wuchsen in Verbindung mit den Sonnenkräften heran, nahmen Sonnenkräfte in sich auf. Dann ruhten sie äonenlang im dunklen Erdreich, bevor sie wieder als Kohle zu Tage gefördert werden konnten. Es scheint so, als bekämen der Schneider und der Goldschmied uralte, zu Erdenweisheit gewordene Sonnenkräfte geschenkt. Der Schlaf bringt ihnen die verlorenen Haare, die Lebenskräfte zurück, und aus den Kohlen ist Gold geworden.

Verfolgen wir das Märchen noch zu Ende. Den Goldschmied packt beim Anblick des Goldes die Habgier. Ihn verlangt es nach mehr, und aus diesem Verlangen heraus macht er sich noch einmal auf den Weg zum kleinen Volk. Zunächst scheint auch alles gut zu gehen. Er bepackt sich mit so vielen Kohlen, wie er nur zu tragen vermag, und schläft in Vorfreude auf das viele Gold ein. Am nächsten Morgen aber hat sich die Kohle nicht verwandelt, ja selbst das Gold, das er schon hatte, ist wieder zu Kohle geworden. Zu allem Übel hat er auch noch einen zweiten Buckel hinzubekommen, und seine Haare sind ihm nicht nachgewachsen. Was steht hinter diesen Bildern?

Im Schlaf verläßt die menschliche Seele den Leib und steigt hinauf in die geistige Welt, in das Reich der Hierarchien, der Götter, wie eine alte Weisheit sie nannte.

Für die durchchristete, selbstlose Seele verwandelt sich die uralte Weisheitskraft, die im Bild der Kohlen vor uns hingestellt wird, während des Schlafes in neue Weisheitskräfte, in Gold. Die kleinen Leute hüten diese alten Weisheitskräfte. Nur durch den Menschen können sie Anteil haben an den schöpferischen Mächten des Himmels, der geistigen Welt. Deshalb verlangt es sie in dem Märchen nach den Haaren des Menschen. Und nur durch die moralisch-selbstlose Seelenkraft des Menschen kann im Schlaf, während sich die Seele mit den schöpferischen Geistesmächten verbindet, die alte, vor Äonen zur Erdenweisheit gewordene Sonnenkraft wieder zu neuer schöpferischer Weisheit werden.

Durch Selbstsucht aber kann sich die Kohle nicht nur nicht in Gold verwandeln, nein, der Mensch bekommt noch einen zweiten Buckel hinzu, eine Last, die ihn noch stärker zur Erde hinunterdrückt, als dies vorher der Fall war. Darüber hinaus wachsen ihm auch die Haare nicht nach, er verliert seine kosmisch-schöpferischen Kräfte.

Der Goldschmied ist fortan auf den Schneider angewiesen. Dieser aber, dessen Herz voller Mitleid und Selbstlosigkeit ist, der eine durchchristete Seele hat, läßt ihn an seinem Schatz teilhaben.

Der Mangel des kleinen Volkes an eigenschöpferischen Fähigkeiten geht auch aus anderen Märchen hervor. In dem irischen Märchen *Fingerhütchen* können die Elfen nur in monotoner Wiederholung denselben unvollständigen Vers singen. Erst das Fingerhütchen dichtet ihn zur großen Freude der kleinen Wesen zu Ende.

Irland ist das Land, in dem ein Bewußtsein für diese Naturwesen bis in die moderne Zeit hinein erhalten blieb. Irische Märchen sind voll von Begegnungen mit dem kleinen Volk. Frederik Hetmann, der in neuerer Zeit eine Reihe irischer Märchen sammelte, erzählt, wie er 1969 bei seiner ersten Irlandfahrt sogleich «unter die Märchenerzähler fiel». Stundenlang wurden Märchen erzählt, und im Mittelpunkt fast all dieser irischen Märchen steht das Reich der Elfen.[13]

Konrad Sandkühler sagt in seinem Nachwort zu den irischen Elfenmärchen der Brüder Grimm: «Wenn man einen Iren fragt: ‹Glaubst du an die Elfen?›, so gibt er zur Antwort: ‹Glauben tue ich an Gott und die Gebote, aber die Elfen sind wirklich da!›»[14]

Nach Aussage irischer Menschen tanzen die Elfen am liebsten bei Mondenschein in der Erntezeit, also mit Johanni beginnend bis in den Hochsommer hinein.

Diese Wesen gehören zur vielgestaltigen Erdengeistigkeit. Sie warten während des Sommers auf die Berührung mit den kosmischen Kräften der Hierarchien. Dem Menschen, der in die Welt zwischen oben und unten hineingestellt ist, fällt dabei eine besondere Aufgabe zu. Darauf wird im Kapitel über die Michaelizeit noch näher eingegangen werden.

Jeder Sommer bringt die Erde, von einem gewissen Standpunkt aus gesehen, in eine «heidnisch» gestimmte Verfassung. Alles ist hingegeben an die naturhaften

Sonnenkräfte. Wie eine Antwort auf dieses Sommer-Sonnen-Licht mögen die Sonnwendfeuer gewesen sein, die zur Mittsommerzeit aufloderten. Wenn die Menschen um die weithin leuchtenden Feuer tanzten und sangen, dann hoben sie mit den auflodernden Flammen ihre Seelen empor zu dem göttlichen Wesen, dessen Wohnstatt ihrem Erleben nach noch die äußere Sonne war.

Doch dieses göttliche Wesen zog sich mit der Zeitenwende aus dem kosmischen Raum zurück und stieg zur Erde herab. Dort muß der Christus heute gesucht werden. Diesen Weg kann die Menschenseele um Johanni beginnen, zu dem Zeitpunkt also, da das äußere Licht der Sonne wieder abzunehmen beginnt.

So spiegelt der Jahreslauf noch einmal den Erdenweg der Menschheit. Es ist eine stets sich wiederholende «Christianisierung», die wir als Menschen durchzumachen haben. Der Jahreslauf ist wie ein gewaltiges Gleichnis, das uns Jahr um Jahr an unsere menschliche Bestimmung erinnert; uns auch daran erinnern will, daß es Mitwesen auf dieser Erde gibt, die auf den Menschen schauen und deren Schicksal auf das engste mit dem Menschheitsschicksal verknüpft ist.

Die Gestaltung des Johannifestes

Nachdem wir nun sowohl Johannes den Täufer wie auch die Johannizeit in der Natur betrachtet haben, stehen wir vor der Aufgabe, wenigstens im Ansatz zu einer Gestaltung des Johannifestes zu kommen.

Der einzige weitverbreitete Brauch, der uns aus alten Zeiten bekannt ist, ist das Anzünden der Johannifeuer in der Mittsommernacht. Zu Johannifeuern wurden sie aber erst in christlicher Zeit. Da die Kirche das Anzünden der Mittsommerfeuer nicht verhindern konnte, duldete sie sie und wandelte sie um in ein Symbol für Johannes den Täufer, von dem es in der Bibel heißt, er sei ein «brennend und scheinend Licht». Die Kirche lenkte also das Bewußtsein der Menschen auf Johannes, den Vorläufer und Wegbereiter des Christus. Johannes selbst aber richtete das Bewußtsein der Menschen immer weg von sich und hin zu dem Christus.

Wollen wir zu einer neuen Form einer Johannifeier kommen, werden wir das nur können, wenn es uns gelingt, dem Fingerzeig des Johannes zu folgen und unser Bewußtsein für die Wirksamkeit des Christus auf der Erde zu öffnen. Wir müssen schon in der Hochsommerzeit den Blick hinwenden auf das Geisteslicht, das zur Weihnachtszeit im Erdenbereich geboren wird.

Diese Zusammenhänge können nur bildhaft in einem entsprechenden Märchen vor die Kinderseele gestellt werden. Es kann sich dabei lediglich um erste Ansätze zu einer neuen schöpferischen Festgestaltung handeln. Auch müssen diese Versuche immer wieder angeschaut und bei neueren Einsichten in die Zusammenhänge verändert werden. Oft bemerkt man erst während des Tuns eine Unzufriedenheit und sucht dann nach neuen Möglichkeiten. Die folgende Schilderung aus meiner Kindergartenarbeit mag unter diesem Gesichtspunkt aufgenommen werden.

Am Johannitag ist, wie bei jedem anderen Fest auch, bereits morgens der Raum schön geschmückt. Vor allem Rosen, die um diese Zeit in voller Blüte stehen, bilden den Blumenschmuck. Auf dem Jahreszeitentisch steht ein besonderes Bild, seit einigen Jahren ist es bei uns ein lichtdurchflutetes Blumenbild. Mir scheint wichtig, daß der Erwachsene zu den Bildern, die er aufstellt, selbst ein inniges Verhältnis hat. Das Besondere des Raumes wird von den Kindern schon beim Kommen bemerkt.

Zunächst beginnen wir wie immer. Wenn das Wetter es zuläßt, schichten wir dann schon in den ersten Stunden im Garten einen kleinen Holzstoß auf. Spätestens jetzt werden die Kinder neugierig darauf, was weiter geschieht und welcher Festtag denn eigentlich begangen wird. Zum Frühstück gibt es etwas Besonderes; wenn die Reife es zuläßt, backen wir Johannisbeerkuchen aus selbstgepflückten Beeren, die in unserem Garten wachsen.

Die eigentliche Johannifeier beginnt dann einige Zeit nach dem Frühstück und dauert nicht länger als etwa 45 Minuten. Den Mittelpunkt dieser kleinen Feier bilden ein kleines Feuer und eine passende Geschichte oder ein Märchen.

Es wollte mir nie einleuchten, weshalb ein Johannifeuer als Relikt aus heidnischen Zeiten abgelehnt wird. Johanni hat beide Seiten, die kosmisch-natürliche, die im Feuer einen Ausdruck findet, und den Hinweis auf die Christuskräfte, auf das innere Licht der Seele. Die Begegnung dieser beiden Kräfte macht eben gerade die Johannizeit aus.

Diesen beiden Seiten des Johannifestes kann man versuchen dadurch gerecht zu werden, daß man zunächst mit den Kindern das Feuer anzündet, mit ihnen einige Reigentänze um das Feuer herum macht oder am Feuer singt und sich dann, wenn das Feuer allmählich herunterbrennt und kleiner wird, mit ihnen um das Feuer herum setzt und eine Geschichte erzählt, in der die Verbindung des Johannitages mit dem weihnachtlichen Christgeschehen eine Rolle spielt. Diesen Bezug kann man, oft in ganz versteckter Art, in vielen Märchen finden.

In meiner Kindergartengruppe ist es Brauch geworden,

den Kindern eine kleine Geschichte von einem Glüh würmchen zu erzählen.

Diese Erzählung wurde zwar angeregt durch eine Legende,[15] ist aber letzten Endes in der Form, in der ich sie heute erzähle, eine Art Neuschöpfung. Die ursprüngliche Legende erschien mir aus verschiedenen Gründen, vor allem aber deshalb, weil sie das Glühwürmchen ausschließlich in die Weihnachtszeit hinein versetzt, ein wenig an der Stimmung vorbeizugehen, in der eigentlich die Glühwürmchen auftauchen. Deshalb habe ich die Geschichte verändert und erweitert und möchte sie nun an dieser Stelle mitteilen.

«Die Geschichte vom Glühwürmchen»

Von der Geschichte, die ich euch nun erzähle, meint man zuerst, es sei eine Weihnachtsgeschichte. Das ist sie auch – und doch ist sie zugleich eine Johannigeschichte. Und so lautet sie:

In Bethlehem im Stall schlief oben im Gebälk ein kleines Käferchen. Es hatte dort Unterschlupf gegen die Kälte gesucht und träumte von der Sonne, von den Blumen auf der Wiese und von all den Tieren, die zur Sommerszeit den Erdenkreis bevölkern. Es schlief dort schon eine gute Weile, als es plötzlich von einem gewaltigen Jubelgesang geweckt wurde. Zuerst meinte das Käferlein, es wäre vom schallenden Vogelgesang aufgewacht. Wie es sich aber umsah, gewahrte es in dem Stall eine große Schar von Engeln, die sangen und jubelten noch vieltausendmal schöner, als die Vögel es können.

Als das Käferlein hinuntersah in den Stall, bemerkte es dort eine Frau und einen Mann, die sich über die

Stallkrippe beugten. In der Krippe aber lag ein wunderbares Kind, es war so licht und schön, wie das Käferlein noch nie zuvor ein Kind gesehen hatte. Von dem Kind aber ging ein Leuchten aus, das den ganzen Stall mit seiner Wärme und seinem Strahlenglanz erfüllte. Das Käferlein konnte sich gar nicht genug wundern und meinte, es müßte nun gewiß Sommer sein.

Also krabbelte es schnell über den Balken zu einer Ritze im Dach, um hinauszusehen und sich in die Sommerluft hinauszuschwingen. Aber, hu, ein eisiger Wind schlug ihm entgegen, und es war stockdunkle Nacht. Gerade wollte das Käferlein wieder zurück in den Stall krabbeln, als es in einiger Entfernung mitten auf dem Felde, auf dem Hirten ihre Schafe hüteten, einen großen, lichten Engel bemerkte. Der Engel, das konnte es wohl hören, brachte den Hirten eine Botschaft. Das Käferchen lauschte, so gut es nur konnte, aber der Engel war zu weit fort, als daß es ihn hätte verstehen können. Das Käferlein aber wollte und mußte die Botschaft hören, also breitete es seine Flügel aus, und ungeachtet der bitteren Kälte flog es hinaus aufs Feld. Seine Flügel wurden ihm schnell von der Kälte starr, und so schaffte es gerade eben den Weg bis zu dem Engel hin. Es setzte sich müde vor dem Engel auf den Boden nieder. Und nun lauschte es ganz aufmerksam auf die Worte des Engels und blieb dort unten ganz still sitzen.

Als der Engel seine Verkündigung an die Hirten beendet hatte, bat ihn das Käferlein mit feinem Stimmchen, ob es die frohe Botschaft von der Geburt des Christkindes nicht zu den Tieren und den Blumen bringen dürfe. Der Engel hörte wohl das Stimmchen, wußte aber zuerst gar nicht, woher es kam. Er sah sich um, und endlich sah er das kleine Käferlein, das dort am Boden saß. Er betrachtete es lange und verwundert. Woher kam denn um diese kalte und dunkle Jahreszeit ein Sonnenkäfer? Das Käferlein aber wiederholte noch einmal seinen Wunsch, denn nun, da es wußte, welches Kind es dort in der Krippe gesehen hatte, wollte es unter allen Umständen diese Botschaft zu den Tieren und den Blumen bringen.

Der Engel gewährte dem kleinen Käfer gerne die Bitte, sagte aber zu ihm: «Warte bis zum Sommer. In der eisigen Winterskälte werden deine Flügel dich nicht weit tragen. Im Sommer aber, wenn es warm und lau ist, dann haben deine Flügel mehr Kraft; dann fliege weit übers Feld und durch die Wälder und künde aller Welt von der Geburt des Christkindes.»

«Werden sie mir denn glauben?» fragte das Käferlein ein wenig ängstlich.

Da griff der Engel in seinen Strahlenkranz, der ihn ganz einhüllte, und nahm daraus ein winzig kleines Fünkchen. Das setzte er dem Käferlein hinten zwischen die Flügel und sprach: «Das soll das Zeichen sein, daß es meine Botschaft ist, die du der Welt zu verkündigen hast.»

Das Käferlein war so froh, daß es die Kälte gar nicht mehr spürte. Es dankte, breitete seine Flügel wieder aus und flog zurück zum Stall. Es kroch wieder durch die Ritze im Dach auf seinen Balken und, eingehüllt von der Wärme und dem Jubelgesang der Engel im Stall, schlief es bald erschöpft, aber sehr glücklich wieder ein.

Viele Tage waren ins Land gegangen – das Käferlein schlief noch. Die Sonne stand schon hoch am Himmel und sendete ihre Strahlen zu allen Blumen und Tieren, um sie zu wecken. Ein kleiner Sonnenstrahl war über den Stall hinweggeflogen, hatte durch alle Ritzen im Dach geschaut und wollte gerade weitereilen, als er das Käferlein auf dem Balken bemerkte. Er streichelte es so lange, bis es endlich aus tiefem Schlaf erwachte.

«Aufstehen, du Schlafmütze», neckte der Sonnenstrahl den kleinen Käfer. Und als der sich gerade noch ein wenig reckte und streckte nach dem langen Schlaf, war der Sonnenstrahl auch schon weitergeflogen. Er hatte es eilig, denn es sind ja unzählige Tiere und Blumen zu wecken, wenn der Sommer naht.

Wie das Käferlein da nun auf dem Balken saß, tauchte wie im tiefen Traum das Bild vor ihm auf von dem Kind in der Krippe, von den Engeln und von dem großen Verkündigungsengel auf dem Felde. Es schaute hinunter in den Stall, aber der war leer und verlassen. Es versuchte mühsam, sich auf die Botschaft zu besinnen, die es im Wald und auf den Feldern verkünden sollte. Ach, vielleicht war ja alles nur ein Traum gewesen? Wo war denn das Strahlenfünkchen, das ihm der große Engel geschenkt hatte? So sehr sich das Käferlein auch wendete und anstrengte, es konnte kein Lichtfünkchen sehen.

Sicher habe ich alles nur geträumt, meinte es traurig zu sich selbst. Es konnte sich gar nicht richtig an dem hellen Sonnenlicht erfreuen, das alles taghell und warm machte. Es blieb traurig auf dem Balken sitzen, bis es Abend wurde.

Als die Sonne schon untergegangen war und die Dunkelheit sich langsam über den Stall legte, gewahrte das Käferlein mit einem Mal einen kleinen zarten Lichtfunken ganz nah bei sich. Es drehte sich, um zu sehen, woher das Strahlenfünkchen kommen mochte. Das kleine Lichtlein aber schien mitzulaufen, denn wohin sich das Käferchen auch wendete, das Lichtpünktchen wanderte immer mit – es saß ja hinten zwischen den Flügeln des kleinen Käfers. Potztausend, als das Käferlein das bemerkte, da hättet ihr sehen sollen, wie froh es wurde. Es hatte seinen Strahlenfunken ja doch noch, aber der war so winzig, daß man ihn nur bei Nacht sehen konnte.

Schnell krabbelte es durch die Ritze im Dach hinaus in die laue Nachtluft hinein, breitete seine Flügel aus und flog, wie der Engel es ihn geheißen hatte, durch Wälder und über Felder hinweg und verkündete allen Tieren und Blumen von der Geburt des Christkindes.

Und weil es, wie Johannes auch, die Christgeburt verkündete, so hieß es von nun an Johanniskäferlein. Seither fliegt das Johanniskäferchen jedes Jahr zur Johannizeit, wenn Johannes der Täufer seinen Geburtstag hat, durch die Welt. Sein Lichtpünktchen sprüht dabei auf und nieder in den Sommernächten und will uns alle daran erinnern, daß sich in dunkler Nacht die Christgeburt ereignet.

Wegen seines Lichtfünkchens aber nennen es manche Menschen auch Glühwürmchen.

Mit dieser Geschichte endet unsere Johannifeier. – Damit wurde ein Versuch geschildert, das Johannifest, das heute so gut wie ganz in Vergessenheit geraten ist, wieder zu gestalten.

Für Kinder ist natürlich schon das äußere Bild, das zu den Sinnen spricht, von großer Bedeutung; doch können diese Bilder nur dann die Seele des Kindes erreichen, wenn sie als Wahrbilder in den Herzen der Erzieher leben. Für den Erwachsenen bedeutet das einen ständigen Prozeß des Suchens und Ringens um neue Einsichten. Diese erschließen sich durchaus nicht nur bei der Verarbeitung von möglichst viel Literatur, vielmehr kann uns eine feine, aufmerksame Naturbeobachtung oft die tiefsten Einsichten verschaffen.

Vielleicht nimmt man sich ein kleines Stück Natur irgendwo im Garten oder an einem Spazierweg als Beobachtungsobjekt vor. Bevor wir die geistigen Kräfte in der Natur auch nur zu erahnen vermögen, müssen wir wieder lernen, den äußeren Prozessen unsere Aufmerksamkeit zuzuwenden. Nehmen wir das wunderbare Wachsen und Reifen der Natur zur Sommerzeit tief in unsere Empfindung hinein. Wir werden bald spüren, daß Dinge, an denen wir sonst achtlos vorübergingen, die Aufmerksamkeit auf sich ziehen, und können erleben, daß es uns weh tut, wenn die Natur leidet. Dieser Schmerz entsteht aber nicht aus Angst um die eigene Existenz, die ja an der Natur hängt, sondern weil wir der Natur wieder verbunden sind. Es entsteht echtes, selbstloses Mitleid.

Die Wandlungen, die durch Selbstlosigkeit ermöglicht werden, sind ein Motiv der Johannizeit. Wir fanden sie in der Gestalt des Täufers, wir bemerkten sie in dem besprochenen Märchen. Wie die äußere Sonne ihre Kraft zurücknimmt, so ist auch die äußere Natur bereit zu sterben, um einem neuen Leben Platz zu machen. Die Natur selbst schafft uns ein Bild für das Motiv des Johannifestes:

«Er muß wachsen, ich aber muß abnehmen.»

ERNTEFEST – MICHAELI

Spätsommer und Herbstbeginn in der Natur

Mit Johanni beginnt der Umkehrungsprozeß in der Natur. Die Sonne hat ihren höchsten Stand hinter sich und beginnt abzunehmen.

Es ist interessant, sich einmal die Sonnenauf- und -untergangszeiten um Johanni anzuschauen. Schon etwa eine Woche vor der Sommersonnenwende kommt der Sonnenaufgangspunkt zum Stillstand, während der Sonnenuntergangspunkt, beginnend mit der Sommersonnenwende, für etwa eine Woche lang still steht. Die Umkehr beginnt also mit dem Späterwerden der Sonnenaufgangszeit.

Anders verhält es sich zur Wintersonnenwende. Hier kommt die Sonnenuntergangszeit bereits vor der Sonnenwende zum Stillstand, während der Sonnenaufgang nach der Wintersonnenwende für eine Weile auf demselben Punkt stehen bleibt. Im Winter beginnt die Umkehr also mit dem Späterwerden der Sonnenuntergangszeit. Es ist, als würde die Natur durch solche kleinen Verschiebungen eine Art Gleichnis schaffen.

An Johanni endet, wenn man das Jahr einmal in ein Verhältnis zu den Tageszeiten setzt, die Morgenfrische der Natur. Analog dazu nehmen die Sonnenaufgangskräfte zuerst ab.

An Weihnachten befinden wir uns in der Nachtstimmung der Natur. Mit der winterlichen Sonnenwende wird der erste Ansatz zur Überwindung dieser Jahresnacht gemacht, und es sind die Sonnenuntergangskräfte, die als erste die Umkehr erfahren.

Die größte Geschwindigkeit aber von Lichtzunahme beziehungsweise Lichtabnahme während des Jahres können wir um die Osterzeit und um Michaeli wahrnehmen.

Von den annähernd neun Stunden Unterschied in der Sonnenscheindauer zwischen Johanni und Weihnachten (bezogen auf unsere Gegend) verlieren wir etwa sechs Stunden in den Monaten um Michaeli herum, also etwa von August bis Ende Oktober. In dieser Zeit nimmt die Tageslänge in geradezu rasantem Tempo ab. So steht das Michaelisfest im Zeichen der schnell zunehmenden Dunkelheit.

Nach diesen mehr astronomischen Betrachtungen wollen wir uns wieder der Erdennatur zuwenden, wie sie sich in der Zeit von Johanni bis Michaeli entwickelt.

Schon wenige Wochen, ja Tage nach Johanni ist zu beobachten, daß das frische Aufsprießen und Ergrünen abgelöst wird und in einen Reifeprozeß übergeht. Besonders schön ist das auf Wiesen zu sehen. Die Vielfalt des Blütenmeeres und damit auch die Farbenpracht verschwinden. Dafür reifen nun die Samen der Gräser heran. Wenn der Wind über eine solche Wiese streicht, ist es, als ob ein gelblich-bräunlich-rötliches Meer woge. Auf den Feldern beginnt das Korn zu reifen, und an den Birken färben sich die allerersten Blätter in ein zartes Gelb. Sie sind noch so vereinzelt, daß man sie kaum wahrnimmt, aber sie sind dennoch da. In den Gärten stehen die Sommerblumen in voller Blüte, aber die erste Rosenblüte neigt sich schon Mitte Juli dem Ende zu.

Über Blumen und Wiesen erleben wir die tausendfältige Insektenwelt. Wandert man zur Mittagszeit durch einen Wald, so ist es dort auffallend still. Kaum ein Vogel läßt sein Lied hören, nur hier und da tönt ein vereinzeltes Piepen. Dafür aber gesellt sich auf Feldern und Wiesen zu dem Gesumme der Insekten das Zirpen der Grillen hinzu.

Ist der Vogelgesang eine Morgengabe der Natur und das Summen der Insekten eine Mittagsgabe, so tönt das Zirpen der Grillen bis in die Abendstunden hinein. Selbst die Laute der Natur scheinen die kommende Abendstimmung des Spätsommers ausdrücken zu wollen.

Dann werden die ersten Kornfelder gemäht, und der schwere Duft des gemähten Kornes legt sich über die Felder. Den ganzen August hindurch hält diese Atmosphäre an und währt oft noch bis in den September hinein. Es ist Erntezeit. Zwei Gedichte sollen uns nun hineinführen in die Stimmung, die dann den September erfüllt.[16]

Dies sind die liebsten Tage mir im Jahr:
Die ersten Astern blühen in den Beeten,
Die Luft ist kirchenstill und blau und klar
Und ganz erfüllt vom Dufte der Reseden.

Kein Vogelschlag durchklingt den Sonnenschein,
Doch unablässig zirpen die Zikaden, –
Bei ihrem Schwirren in den Abendschein
Geh, Seele, satt von Welt und Sonne ein,
Ein müdes Kind, zu letzten Schlummers Gnaden.

Agnes Miegel

Das Blau der Ferne klärt sich schon
Vergeistigt und gelichtet
Zu jenem süßen Zauberton,
Den nur September dichtet.

Der reife Sommer über Nacht
Will sich zum Feste färben,
Da alles in Vollendung lacht
Und willig ist zu sterben.

Entreiß dich, Seele, nun der Zeit,
Entreiß dich deinen Sorgen
Und mache dich zum Flug bereit
In den ersehnten Morgen.

Hermann Hesse

Die Seele ist nun satt von Welt und Sonne. Wenn sie jetzt den Gang der Natur mitmachte, dann würde sich auch der letzte Satz in dem Gedicht von Agnes Miegel, in dem Todessehnsucht mitschwingt, erfüllen. In dieser letzten Zeile lebt etwas von der Schwermut, die die Menschenseele in dieser Zeit umfangen kann. Aber Hermann Hesse läßt in der letzten Strophe seines Gedichts einen ganz anderen Aufruf an die Seele erklingen: Nicht bloß Melancholie, sondern die Stimmung des Aufbruchs kommt bei ihm zum Ausdruck.

Erinnern wir uns an die Ausführungen zur Johanni-Sommerzeit. Die Erdenseele war wie ausgegossen in den Umkreis. Erde und Himmel lebten in einer Art Vereinigung. Alles Sein schien in einen Taumel hineingeraten zu sein, in ein träumendes Bewußtsein. Nun aber, da in der Natur alles der Vollendung entgegenstrebt, breitet sich eine andere Stimmung aus.

Der Himmel wird wieder klarer, blauer und weiter, und auf der Erde zieht sich das Leben zurück. Die ersten Felder werden umgepflügt. Wo vor kurzem noch ein dichter Pflanzenteppich war, finden wir nun mehr und mehr Flächen mit aufgebrochener, unbewachsener Erde.

Die Kräfte, die das Wachstum bewirkten, ziehen sich allmählich wieder in das Innere der Erde zurück. Der große Einatmungsprozeß des Erdenorganismus hat begonnen.

Hintergründe des Michaelsfestes

Erntezeit bedeutete früher ein lebendiges Umgehen mit den Wesen, von denen wir bereits im Johanni-Kapitel sprachen, den Elementarwesen. So wurde zum Beispiel die letzte Garbe dem Korngeist, auch Kornmuhme genannt, geopfert. Oder es wurde gar ein Mensch ganz in Stroh gewickelt und unter Gesang und Scherzen als der befreite Korngeist eingefahren. Es war noch eine lebendige Vorstellung davon vorhanden, daß geistige Wesen an dem Werden und Wachsen beteiligt sind.

Im 18. Jahrhundert hat es sich, besonders in evangelischen Gebieten, eingebürgert, am Sonntag nach Michaeli ein Erntedankfest zu feiern. Der Altar der Kirche wird mit Früchten und Blumen reich geschmückt, und bunt verzierte Wagen machen einen Umzug. In katholischen Gegenden verbanden sich, ebenfalls im 18. Jahrhundert, die bäuerlichen Erntefestbräuche mit der Kirchweihe, der Kirchmesse (daher das Wort Kirmes). Während die bäuerlichen Erntefeste wahrscheinlich so alt sind wie der Ackerbau selber, hat die Kirche erst vor wenigen Jahrhunderten das Erntefest zu ihrem Anliegen gemacht.

Zu allen Zeiten aber war das Erntefest ein Dankesfest gegenüber den geistig-göttlichen Kräften, denen die Seele sich in ihrem religiösen Empfinden verbunden fühlte. Im Laufe der Zeit aber ging den Menschen die Fähigkeit verloren, die alten Anschauungen über das Leben der Natur und über die in der Natur waltende Geistigkeit mit dem christlichen Glauben zu verbinden.

Die Kirche hat wesentlich dazu beigetragen, daß den Menschen die in der Natur wirksamen Wesen entfremdet wurden. Dieser Prozeß konnte sich aber nur deshalb durchsetzen, weil er einherging mit einer großen Bewußtseinsumwandlung der Menschen. Es ging das alte hellseherische Vermögen verloren, durch das einmal so reiche Bilder dessen, was an geistigem Leben erfahren wurde, entstehen konnten. Die Folge für uns Menschen ist auf der einen Seite eine ungeistig gedachte Natur, auf der anderen Seite eine abstrakt gedachte, irgendwo im Jenseits sich befindende Gottheit.

Die Natur glauben wir mit Hilfe der Naturwissenschaften gut zu kennen oder doch wenigstens irgendwann ganz durchschauen zu können; die geistige Welt dagegen kann uns zur Zeit kaum mehr als ein Glaubensinhalt sein.

Was uns fehlt, ist die Brücke, der Steg zwischen oben und unten, der uns beides wieder verbindet und der in früheren Zeiten im Bild des Regenbogens empfunden wurde.

Es gibt alte Gemälde, auf denen Christus dargestellt wird auf dem Regenbogen sitzend, zuweilen auf einem doppelten Regenbogen. Diese Darstellungen stammen fast immer aus dem Mittelalter und sind als Deckengemälde in Kirchen oder als Buchmalerei zu finden. Dieses Motiv deutet darauf hin, daß der Christus nach wie vor diese Brücke zwischen der oberen und der unteren Welt ist.

Christus auf dem Regenbogen.
Majestas Domini aus der ehemaligen Prämonstratenser-Abteikirche, 12. Jahrhundert, Knechtsteden.
Landesbildstelle Rheinland, Düsseldorf.

In den bereits erwähnten Vorträgen über den Jahreskreislauf weist Rudolf Steiner auf diese Verbindung des Christus-Geistes mit der Erde hin, die seit dem Erdenleben des Christus Jesus besteht.

In Gedichtform spricht Christian Morgenstern über diese Verbindung des Christus mit der Erde:

Licht ist Liebe ... Sonnen-Weben
Liebes-Strahlung einer Welt
schöpferischer Wesenheiten –

die durch unerhörte Zeiten
uns an ihrem Herzen hält,
und die uns zuletzt gegeben

ihren höchsten Geist in eines
Menschen Hülle während dreier
Jahre: da Er kam in Seines

Vaters Erbteil – nun der Erde
innerlichstes Himmelsfeuer:
daß auch sie einst Sonne werde.[17]

Hat man diese Tatsache vor Augen, so bekommt der Gedanke von der Erdengeistigkeit einen noch tieferen Sinn.

Mit der vielfältigen Erdensubstanz, wie sie im Johanni-Kapitel beschrieben wurde, hat sich seit der Zeitenwende die Christus-Wesenheit verbunden.

Wir spüren, daß damit unsere Erde eine ganz neue Qualität bekommt. Es muß noch einmal betont werden, daß der Begriff Erde, wie Rudolf Steiner ihn in diesem Zusammenhang verwendet, all das umfaßt, was dem Erdenwesen zugehörig ist. Dazu gehört auch der Mensch.

Als am Anfang dieses Kapitels davon die Rede war, daß

sich das Verhältnis der Sonne zur Erde um Johanni ganz anders darstellt als zu Weihnachten, konnte schon angedeutet werden, daß der Jahreslauf wie ein Gleichnis für Ereignisse erscheint, die zum Menschheitsschicksal gehören.

Wie sich einst die Christus-Wesenheit aus kosmischen Weiten hinunter zur Erde begab, um als Gottheit Menschenschicksal zu erleiden, so kommt Jahr für Jahr im Kreislauf der Jahreszeiten der Punkt, an dem sich der Christus wiederum am tiefsten mit der Erdenseele verbindet. Diesen Zeitpunkt feiern wir mit dem Weihnachtsfest.

Und jährlich zum Sommer hin, mit der großen Ausatmung der Erde, löst sich die mit der Erde verbundene Christuskraft wieder und verströmt sich in den Umkreis.

Wenn dann mit dem herannahenden Herbst der große Atemzug nach innen stattfindet, haben wir im Jahreslauf den Zeitpunkt, an dem neuerlich die Durchchristung der Erde errungen werden muß. Der Weg nach innen ist nicht selbstverständlich. Es stellen sich diesem Prozeß Widerstände entgegen. Alles, was Naturwirken des Sommers uns gibt, können wir als göttliches Geschenk ansehen; was aber an innerem Licht erstrebt wird, muß im wahrsten Sinne erst errungen werden.

Wie in alten hellseherischen Zeiten die Menschen jene Kräfte erlebten, von denen dieser Widerstand ausging, mag aus der folgenden altbulgarischen Legende entnommen werden.

«Michael und das Böse»

Und Satanael sah, daß Gott der Herr von allen Engeln verehrt und gepriesen wurde. Er wurde neidisch und beschloß, Gott gleich zu werden. Er dachte in seinem Stolz:

ich werde meinen Thron im Himmel auf die Wolken setzen und dem Allmächtigen gleich werden. Gott der Herr erriet seine Gedanken und wollte ihn aus den Himmeln hinunterstürzen samt seinen tückischen Scharen. Und Gott sandte den Erzengel Michael zu Satanael. Michael ging zu ihm. Da versengte Satanael Erzengel Michael mit seinem Feuer. Michael ging zu Gott und sagte ihm: «Ich habe getan, was du mir befohlen hast, aber Satanael hat mich mit Feuer versengt.» Gott der Herr gab Michael eine höhere Würde, und Michael, der bis dahin Micha hieß, wurde Michael genannt. Satanael aber hieß von nun ab nur Satan. Und Gott der Herr befahl dem Erzengel Michael, mit Gottes Zepter Satanael auf die Schulter zu schlagen und ihn samt seinen bösen Scharen vom Himmel zu stürzen. Und Gott der Herr schickte Michael von neuem zu Satanael, doch es gelang Michael nicht, sich dem Thron Satans zu nahen, und er wurde abermals versengt. Doch Michael ermannte sich und schlug ihn mit dem Zepter mit allen Kräften und stürzte ihn in die Tiefe mit seinen Scharen. Diese flogen drei ganze Tage und drei Nächte durch die Lüfte wie Regentropfen, und am dritten Tag versammelten sich die Engel im Himmel, und Michael wurde von Gott zum Führer der himmlischen Heerscharen auserwählt. Und die Tore der Himmel wurden verschlossen. Die gestürzten Engel aber blieben draußen. Manche blieben an Bergen hängen, manche stürzten in Abgründe, andere blieben in den Lüften, wieder andere kamen bis zur Erde, um die Menschen zu verführen, jeder wie er eben konnte, und bis heute bleiben sie noch immer dort.[18]

Diese Legende lenkt unseren Blick insbesondere auf zwei Wesenheiten, auf Satanael oder Satan und auf Michael,

Michael als Drachenkämpfer.
Barcelona. Raffael-Verlag, Ittigen.

den Erzengel. Aber auch der Mensch wird in der Legende erwähnt als dasjenige Wesen, das den Verführungen der gefallenen Engel ausgesetzt ist.

Die Kräfte, die in der Legende satanisch genannt werden, tauchen in den Mythologien immer wieder auf, und zwar im Bilde des Drachen.

Der auf unzähligen Kunstwerken dargestellte Kampf Michaels mit dem Drachen wird uns in der altbulgarischen Legende als der Kampf gegen Satanael geschildert.

Dieses Drachentier beschreibt uns auch die griechisch-römische Mythologie im Bilde des Höllenhundes Kerberos, der das Totenreich bewacht. Die Beziehung des Drachen zum Totenreich, die Bedrohung gerade der Toten durch dieses Wesen kann uns einiges von den Empfindungen nahebringen, die eine griechische Seele gehabt haben mag. Gerade in diesen griechisch-römischen Kulturzeitraum, in dem die Seelen sich nach dem Tode vom Drachen Kerberos gefangengehalten fühlten, fällt die historische Geburt des Jesus von Nazareth.

Was war mit den Menschenseelen geschehen? Der Mensch hatte zunehmend sein Sinnen und Trachten auf die Außenwelt gerichtet. Einen Ausdruck dafür finden wir in dem weit ausgebreiteten politischen Machtbereich der Römer, aber auch in der Art, wie jetzt das menschliche Zusammenleben geregelt wurde. Die noch in der ägyptischen Zeit selbstverständliche Priesterherrschaft war endgültig vorüber, es setzten sich nun völlig andere Verhältnisse durch, nämlich eine weltlich ausgerichtete Herrschaftsstruktur.

In dem griechisch-römischen Kulturkreis hatte sich die Neigung zur Sinneswelt am weitesten entwickelt. Dadurch aber hatte man das Reich des Lichtes verloren. Wenn es bei Homer heißt: «Lieber ein Bettelmann auf Erden als ein König im Reich der Schatten», wird dadurch angedeutet, daß die Seele im nachtodlichen Bereich, in der göttlich-geistigen Welt nicht mehr das Licht finden konnte. Die geistige Welt hatte sich für das Bewußtsein verdunkelt. Erst mit dem Eintritt des Christus in das Reich der Toten konnte dieser Zustand wieder überwunden werden. Die sogenannte «Höllenfahrt» des Christus und seine Überwindung der Todeskräfte legt in die Menschenseele die Möglichkeit hinein, das Geisteslicht nun zum eigenen innersten Himmelsfeuer zu machen, von dem Christian Morgenstern spricht.

In einigen Märchen wird der Schlaf als der Bruder des Todes vorgestellt. Das mag uns zunächst eigenartig berühren; aber so merkwürdig ist das gar nicht, denn sowohl im Schlaf wie auch im Tod löst sich die Seele aus dem Leib heraus. Eine Verwandtschaft ist also durchaus vorhanden.

Schauen wir jetzt noch einmal auf die Natur und auf den Menschen. Im Sommer, das konnte im Johanni-Kapitel beschrieben werden, neigen alle Erdreiche von einem gewissen Gesichtspunkt aus zum Einschlafen, zum Wegträumen. Der Mensch ist ganz hingegeben an die überreiche Sinneswelt, er kann sich in dem Übermaß der Sinneseindrücke verlieren. Dadurch hat er von Natur aus wenig Bewußtsein für die göttlich-geistige Welt.

Diesen Zustand des «Versinnlichens» nutzen die sogenannten satanischen Scharen – Rudolf Steiner nennt sie ahrimanische Wesen –, indem sie jetzt versuchen, dem Menschen den Blick auf die geistige Welt völlig zu verstellen, so daß er sich weiterhin ganz der Sinneswelt zu verschreiben geneigt ist.

Johannes der Täufer ist der Repräsentant jener Menschheit, die in den Naturereignissen noch die geistige Welt erlebte, der sich die Sinneswelt noch nicht wie ein Schleier vor die geistige Welt schob.

Aber Johannes weiß, daß er ein letzter Vertreter dieser alten Menschheit ist und daß in Zukunft der Mensch die göttliche Welt erst in sich finden muß, bevor er sie wieder in der äußeren Welt erleben kann. Deshalb lenkt er den Blick auf den Christus und sagt: «Er muß wachsen, ich aber muß abnehmen.» Erinnern wir uns noch einmal der altbulgarischen Legende. Satan und seine Scharen breiten sich auf der Erde aus, ihre verführerischen Kräfte aber vermögen sie nur am Menschen auszuleben. Der Mensch als das mit Ich-Bewußtsein begabte Erdenwesen ist der Schauplatz dieses Kampfes mit dem Drachen, er allein kann das Wirken des Drachens erkennen. Michael aber, der den Drachen im Himmel besiegte, ist die geistige Macht, die der Menschenseele bei diesem Kampf zur Seite steht – wenn der Mensch es will.

Diese Freiheit des Menschen wird in der Bibel in bildhafter Form vor uns hingestellt, wenn es heißt, daß der Mensch, nachdem er vom Baum der Erkenntnis gegessen hatte, einem Gott gleich wurde. «Und Gott der Herr sprach: Siehe, der Mensch ist geworden wie unsereiner und weiß, was gut und böse ist» (1. Mose 3,22).

Nur der Mensch ist in diesen Freiheitsraum zwischen Gut und Böse hineingestellt. Er ist aufgerufen zu erkennen, daß der äußere Tod der Natur, den die Sinne wahrnehmen, nicht die einzige Wahrheit ist. Michael, der Himmelsfürst, wurde immer als die geistige Macht verehrt, die den Drachen besiegt; er will auch dem Menschen zur Seite stehen, wenn es gilt, den Drachen zu bekämpfen, sich den Todeskräften, die vom Herbst an die äußere Natur beherrschen, zu entreißen.

Als Frage kann nun vor uns auftauchen: Wenn nur der Mensch der Schauplatz dieses Kampfes sein kann, wenn die Natur doch eigentlich unschuldig ist, was erwartet dann diese Natur in ihrer Vielgestaltigkeit vom Menschen? Was erwarten Tier, Pflanze und Gestein, was erwarten die Elementarreiche?

Erwarten sie denn überhaupt etwas vom Menschen, oder ist ihnen der Mensch einerlei? Ist es denn richtig, wenn heute so oft gesagt wird: Die Natur braucht den Menschen nicht, aber der Mensch braucht die Natur?

Schaut man nur auf die äußeren Abläufe, dann braucht die Natur den Menschen tatsächlich nicht. Schaut man aber etwas tiefer, schaut man zum Beispiel auf die Welt der Elementarwesen, die in den Naturreichen beheimatet sind, so muß die Behauptung, die Natur brauche den Menschen nicht, doch noch einmal überprüft werden.

Rudolf Steiner sagt einmal, in jede Pflanze sei ein Elementarwesen hineinverzaubert, das seiner Erlösung harre. Und sobald ein Menschenauge diese Pflanze mit dem Blick berührt habe, warte dieses Wesen auf seine Entzauberung durch den Menschen.[19]

Die Iren und Schotten, denen ein ursprüngliches Verhältnis zu den Elementarwesen eigen ist, meinen, die Elfen, wie sie sie nennen, seien gefallene Engel, die aber nicht bis in die Hölle hinabgesunken seien. Sie halten die Elementarwesen für nicht ganz ungefährlich für den Menschen, vor allem dann, wenn ein Mensch unfreiwillig in ihren Bann gerät.

In einigen irischen Märchen zeigt sich ein Wicht dankbar, wenn der Mensch seinen Busch oder seine Pflanze schont, und belohnt ihn fürstlich dafür. Sobald dieser Lohn aber in einer egoistischen Weise genutzt wird, ist die Menschenfreundlichkeit dieser Wesen verflogen und schlägt ins Gegenteil um.

Gerade zur Erntezeit, wenn nach den Erfahrungen irischer und schottischer Menschen die Elfen in der Nacht tanzen, finden die meisten Begegnungen mit den Menschen statt. Es ist die Zeit, in der Licht und Dunkelheit miteinander ringen, in der die Erde im Jahreslauf die neuerliche Durchdringung mit dem Christuslicht erwartet, in der, auf das Jahr bezogen, die Menschenseele in besonderer Weise zum Schauplatz des Kampfes von Licht und Finsternis wird.

Ist es nicht denkbar, daß die Elementarwesen gerade in dieser Zeit mit größtem Interesse auf den Menschen schauen, ob er diesen Kampf besteht? Wenn wir davon ausgehen, daß die Elfen gefallene Engel sind, die selbst vor langer Zeit dem Himmel angehörten – könnte es dann nicht sein, daß sie voller Sehnsucht darauf warten, daß der Mensch seinen geistigen Ursprung verteidigt, statt ihn zu verleugnen?

Von der Sehnsucht dieser Elementarwesen berichten uns eine Reihe von Märchen, erinnern wir uns an *Die Geschenke des kleinen Volkes.* Es wurde versucht, das Märchen dahingehend zu deuten, daß das kleine Volk sich nach den selbstlos-schöpferischen Fähigkeiten der Menschen sehnt. Wenn ihnen diese Kräfte zuteil werden, geraten sie in die höchste Glückseligkeit und beschenken den Menschen mit jenen Kräften, über die sie selbst verfügen.

Schöpferisch-selbstloses Handeln eines Menschen kann man auch die höchste Form der Moral nennen. Denn schöpferisch sein heißt, aus sich heraus, aus ureigenstem innerem Antrieb heraus tätig zu werden. Das bedeutet aber nichts anderes, als aus Freiheit handeln. Aus innerer Freiheit heraus selbstlos etwas zur Verfügung stellen, diese Kraft darf als eigentliche moralische Fähigkeit des Menschen gelten. Nach dieser Kraft sehnt sich das kleine Volk.

Betrachten wir ein weiteres Märchen der Brüder Grimm: *Das Wasser des Lebens.*

Von drei Brüdern machen sich die beiden ältesten auf den Weg, das Wasser des Lebens zu suchen, aber aus einem selbstsüchtigen Motiv heraus: Sie wollen das Reich ihres Vaters erben. Den Zwerg, der ihnen auf dem Weg begegnet, strafen sie mit Hochmut. Er verwünscht beide zwischen zwei Felsen, die so eng stehen, daß sie schließlich zu Gefangenen dieser Felsen werden.

Der dritte Bruder geht, ohne an eigene Vorteile zu denken, los. Er ist freundlich zu dem Zwerg, steht ihm Rede und Antwort und erhält als Dank die Gaben, die ihn befähigen, das Wasser des Lebens zu finden.

Wenn wir nur dieses anfängliche Motiv betrachten, können wir uns an *Die Geschenke des kleinen Volkes* erinnert fühlen. Habgier und Selbstsucht werden dem Goldschmied übel ausgezahlt. Er hat kein Gold, ihm wachsen die Haare nicht nach, und er wird von einem zweiten Buckel zur Erde niedergedrückt.

In *Das Wasser des Lebens* sitzen die beiden ältesten Brüder zwischen zwei Felsen fest, sie werden Gefangene der leblosen Erde. Darüber hinaus ist es ihnen verwehrt, das Lebenswasser zu finden und die Königstochter zu erlangen. Die Straße zum Schloß der Königstochter in diesem Märchen ist aus Gold, so wie auch die Kohle, die der Schneider von dem kleinen Volk bekommt, zu Gold geworden ist.

Nach vielen Prüfungen gelingt es dem jüngsten Bruder, auf der goldenen Straße den Weg zur Königstochter zu finden, ohne ihn eigentlich zu bemerken. Er ist derjenige, der selbstlos und mitleidig handelt.

In wie vielen Märchen werden menschliche Wesen in einen Stein, eine Blume oder ein Tier verwandelt. Fast immer ist es die selbstlose Opferkraft eines Menschen-Ich, das diese Wesen zu entzaubern vermag.

Sind nicht die Naturreiche, unsere Brüder und Schwestern auf der Erde, uns verwandt, aber mit einem Zauber belegt?

An diese Frage rührt auch das Gedicht von Joseph von Eichendorff:

> Schläft ein Lied in allen Dingen,
> Die da träumen fort und fort,
> Und die Welt hebt an zu singen,
> Triffst du nur das Zauberwort.[20]

So läßt sich doch erahnen, daß der Mensch und die Natur eine tiefverbundene Lebensgemeinschaft darstellen. Diese wechselseitige Beziehung, die das gewöhnliche Bewußtsein nicht wahrnimmt, wurde von einer alten Weisheit in tausendfältigen Bildern zum Ausdruck gebracht.

Gerade jene Feste, die in die Zeit fallen, da die Natur ihre größte Entfaltung erfährt, rufen den Menschen dazu auf, das Wesen der Natur zu hinterfragen und die geistige Seite der sich ausbreitenden Sinneswelt nicht zu vergessen.

Ernte und Michaeli

Versuchen wir jetzt, die Erntezeit noch unter einem anderen Aspekt zu betrachten.

Von der Natur erhält der Mensch seine Nahrung. Durch die Ernte versorgen wir uns mit den Mitteln, die es uns ermöglichen, unseren Leib zu erhalten und aufzubauen.

Es kommt darauf an, den rechten Zeitpunkt abzuwarten und die Früchte von der Erde zu trennen, bevor sie in Verwesung übergehen. Mit der Ernte werden den nun in der Natur um sich greifenden Todesprozessen die Früchte entrissen. Überließe man sie den Naturkräften, so würden sie den Todesprozeß mitmachen, sie würden vergehen.

Durch die Ernte aber bilden sie die Lebensgrundlage der höheren Erdenwesen. Die Pflanzenwelt opfert ihre Existenz hin für das Leben von Tier- und Menschenreich.

Während des Sommers, da Erde und Himmel gleichsam zusammenwuchsen, sich verschwisterten, haben die Pflanzen die im Erdenumkreis waltenden Kräfte in sich hereingenommen, sie haben Licht und Wärme getrunken.

Wenn sich im Herbst die Erde wieder in sich selbst zurückzieht, wenn die Himmelskräfte sich aus dem Erdenbereich entfernen, bleibt uns in der pflanzlichen Nahrung etwas von den Sommerkräften der Natur erhalten.

Mit der Ernte bewahrt der Mensch etwas von den kosmisch-geistigen Kräften, die während des Sommers Wachstum und Reife bewirkten. Wir rühren damit an die geistige Seite der Ernährung, die in dem folgenden Tischspruch von Angelus Silesius zum Ausdruck kommt:

> Das Brot ernährt dich nicht. Was dich im Brote speist,
> Ist Gottes ewig's Wort, ist Leben und ist Geist.[21]

Von dieser Perspektive aus betrachtet, wird die Ernte zu einem wunderbaren Gleichnis des michaelischen Geschehens. Mit der Ernte entreißt der Mensch die Früchte dem Todeswalten der Natur, wie Michael auf einer anderen Ebene die Menschenseele den Todeskräften des Drachen entreißen will.

Sinnbilder des Michaelsfestes

Nachdem wir nun das Leben der Natur und die Beziehung zwischen Menschenreich und Naturreichen betrachtet haben, soll noch auf einige Bilder eingegangen werden, die uns von dem Erzengel Michael überliefert sind und die ebenfalls zu einem Verständnis dieser herbstlichen Induzeit beitragen können. Michael wird oft mit der Waage dargestellt. Er wägt die Menschenseelen nach dem Tode. Das Michaelsfest findet auch seinem Zeitpunkt nach im Sternzeichen der Waage statt.

Mit der Waage haben wir ein Instrument vor uns, das ständig den Ausgleich zwischen zwei Polen sucht. Die Urform der Waage, also die T-Waage, wog dadurch, daß sie Gewicht und Gegengewicht zum Ausgleich brachte.

Bislang wurde eine Kategorie von Widersachermächten beschrieben, die die Legende als satanische Wesenheiten bezeichnet und die innerhalb der Anthroposophie als ahrimanische Wesen beschrieben werden. Sie wollen den Menschen an die Materie fesseln. Rudolf Steiner spricht noch von einer anderen Gruppe von Wesenheiten, die den Menschen zu verführen suchen. Er nennt sie luziferische Geister. Auch sie begegnen uns in alten Mythologien, etwa in der Gestalt des Loki in der Edda. Sie appellieren nicht an die Habgier, an das materielle Denken, sondern an eine andere Form der Ich-Sucht, nämlich an die Eitelkeit, an eine Art von Schöngeisterei.

Beide Gegenkräfte wirken auf die Menschenseele, wobei aber in unserer Zeit die ahrimanischen Mächte, also jene, die den Menschen zum krassen Materialisten machen wollen, besonders stark sind. Zwischen diesen beiden Mächten ist es der Menschenseele aufgegeben, stets den Ausgleich zu suchen.

Der Erzengel Michael als Seelenwäger.
Fresko, 12. Jahrhundert.
Vich (Barcelona), Museum Arqu. Episcopal.

Diesen Ausgleich, das Finden der Mitte, sehen wir in dem Bild der Waage vor uns. Michael mit der Waage tritt uns nicht nur als der nachtodliche Seelenwäger entgegen, sondern auch als die geistige Kraft, die dem Menschen beim Ringen um diesen Ausgleich zu Hilfe kommt.

Doch nicht nur am Sternenhimmel finden wir das Zeichen der Waage, auch im Naturgeschehen gibt es einen Zeitpunkt, den man als «Waage» bezeichnen könnte.

Die beiden sichtbaren Naturprozesse sind das Werden und das Vergehen. Wenn eine Frucht reif ist, befindet sie sich genau in der Mitte zwischen Werden und Vergehen. Das ist dann auch der Zeitpunkt, an dem die Erdenfrüchte geerntet werden. Ernte findet also dann statt, wenn auch in der Natur ein Ausgleich zwischen den beiden Polen «Werden» und «Vergehen» erreicht ist.

In der Zeit, in der wir auf das Michaelsfest zugehen, also im August, September, können wir in klaren Nächten eine Erscheinung am Himmel wahrnehmen, die wir Sternschnuppe nennen. Eine polnische Michaels-Legende beginnt mit dem Hinschauen auf diese Himmelserscheinung:

«Sankt Michael auf der Mondsichel»

Sahst du in klaren, hehren Herbstnächten die Sternenfunken am Himmel aufsprühen? Wie die Hoffnung einer Menschenseele gehen sie auf; wie der Entschluß eines Menschenherzens tauchen sie unter, leuchtend in Kraft. Sternenschnuppen nennen es die Menschen. Wer aber seinen Engel lieb hat und von Kind auf keine Furcht in sein Herz einließ, weiß es besser. Er sieht in klaren Herbst-

nächten dort oben in den Sternen den großen Kämpfer, Sankt Georg auf Erden genannt, Sankt Michael in den Himmeln. Und er sieht sein Antlitz überstrahlt von goldener Weisheit, die ihrer selbst nicht wissend, das Herz der höchsten Gottheit widerspiegelt. Und sieht seinen Arm erschimmernd in der Wehr, die stark ist und rein, wie aus Himmelsgerechtigkeit gehärtet.

Und mit der wehrhaften Hand schlägt Sankt Michael an das Schwert, das die kriechende und begehrende, wühlende und zerfressende Unreinheit treffen wird. Und die Sterne erbeben, und diamantene Funken springen, wenn Sankt Michael an sein Schwert schlägt ...

Sahst du in dunkler Winterzeit die zarte Sichel des Mondes über den feinen, weißen Wolken dahingleiten? Es rauscht um sie wie ein Flüstern ferner Gräser von der weiten, schönen Himmelswiese. Sehnsucht, ferne, ferne fort zu sein, erfaßt die Herzen der Menschen, die da hinschauen zu der Sichel am Winterhimmel. Wer aber seinen Engel lieb hat und von Kind auf die Reinheit in seinem Herzen pflegte, weiß es besser. Er sieht dort oben auf der schmalen silbernen Sichel die himmlische Jungfrau Maria stehen. Und er weiß, daß sie eine Königin ist. Denn sie lächelt nieder zu denen, die auf Erden sich sehnen und darben. Und spendet aus ihren rosigen Händen himmlische Weizenkörner, die segnend zur Erde fallen. Sie spendet aus betend gebeugten Händen. Sie betet für die Tiefen, daß sie satt werden mögen und gut und erfüllt mit dem Wunder, das die Höhe noch birgt.

Und einmal wird es geschehen. In einem Herbste, wo die Birke nicht nachweint ihren Blättern; wo das Birkenlaub fröhlich zur Erde fällt. Da wird eines Tages über dem Monde eine Treppe erscheinen, deren Stufen so sind wie milchiger Stein. Und auf diesen weißen Stufen, mit seg-

nenden Händen Erlösung winkend, wird Maria emporschreiten zum goldenen himmlischen Erntedank-Tisch, als trete ihr Fuß auf sich spreizende Taubenflügel.

Die Sichel des Mondes wird dann nicht verwaist sein. Ein Lied wird dann von ihr tönen, das im Himmel und auf Erden noch nie gehört wurde. Sankt Michael wird dann auf der Mondsichel stehen. Als himmlischer Schmied hat er sein Schwert umgeschmiedet zum Rahmen einer Leier, und aus Mutesgedanken der Menschen wurden die Saiten darauf gespannt. Der Drachenbesieger wird singen und spielen und als himmlischer Lautenspieler walten seines Amtes. Kraft ist in seinem Lied. Von der Tröstung und Erfüllung einer alten Zeit wird er singen und von dem nahen Niederströmen des höchsten Lichtes, in welches das Lächeln Marias entschwand.

Und die Birke wird erschauern bis in ihr tiefstes Mark voll Freude, wenn dieses Lied ertönt. Und der Herbst wird sein wie Frühling.

Manche Menschen werden es nicht sehen, manche nicht hören. Wer aber seinen Engel lieb hat und Treue in seinem Herzen trägt: der weiß es gut und will es besser.[22]

Die Sternschnuppe als Zeichen menschlicher Hoffnung und Entschlußkraft ist von wunderbarer Gewalt und Wärme. Eine Sternschnuppe entsteht, wenn kosmische Substanz, das Meteoreisen, beim Eintritt in die Erdatmosphäre verglüht. Wenn man es ganz naiv anschaut, so kann man sagen, daß sich das kosmische Eisen an der Erdatmosphäre reibt, sich gewissermaßen mit der Erdatmosphäre auseinandersetzt. Dabei entsteht das Funkenleuchten der Sternschnuppe. Können wir darin nicht auch ein Bild sehen für die Auseinandersetzung des kosmischen Erzengels Michael mit den Kräften, die innerhalb des Erdenbereiches ihr Wirken auszubreiten versuchen?

Am Schluß der Legende heißt es: «Und einmal wird es geschehen. In einem Herbste, wo die Birke nicht nachweint ihren Blättern; wo das Birkenlaub fröhlich zur Erde fällt … Und der Herbst wird sein wie Frühling.» Welche Poesie und welcher Ernst liegen in diesen Worten. Die ganze Natur wird einbezogen in die Wandlungen, die einmal die Erde durchmachen soll. Das Motiv der herabfallenden Blätter greift auch Rudolf Steiner in seinen Vorträgen über Michaeli immer wieder auf.

Wer einmal an einem sonnigen Herbsttag durch einen Laubwald gegangen ist und den herbstlich gefärbten Wald am Ende des Weges vor Augen hat, der mag sich an die Kraft dieses Eindruckes erinnern. Ein wunderbares Farbenspiel vom zarten Gelb bis hin zum kräftigen Rot tut sich vor unseren Augen auf, das noch an Intensität gewinnt, wenn wir es gegen den blauen Himmel betrachten.

Im Wald kann man den Eindruck haben, als scheine aus den Blättern selbst ein Licht, das den Wald golden und warm erscheinen läßt. Selbst die Blätter, die schon herabgefallen sind, strahlen noch im Glanz der herbstlichen Farben. Mit welcher Freude sammeln Kinder diese Blätter auf. Bringt man nach einem Spaziergang eine Handvoll Blätter mit nach Hause, so ist binnen kurzer Zeit die Pracht dahin, das Blatt wirkt nur mehr erdbraun. Und auch draußen verhält es sich ähnlich. Gerade hat man noch das prächtige Farbenspiel des Herbstes erleben können, und plötzlich, fast von einem Tag zum anderen, verwandelt sich die warme, leuchtend-bunte Farbenpracht in Erdbraun.

Beim Durchwandern eines herbstlichen Laubwaldes kann man in der Tat den Eindruck gewinnen, als würde das

Licht selbst in den Blättern wohnen, als hätte sich das Licht als Krönung des Sommers für eine gewisse Zeit in die Blätter hineininkarniert.

Wenn sich dann in einem relativ kurzen Prozeß diese Lichteskraft aus den Blättern zurückzieht, bleibt das zurück, was der Erde zugehörig ist. Die Blätter werden erdbraun und fallen beim nächsten kräftigen Windstoß hinunter zur Erde, um dort zu vergehen. Was aber ist aus dem Licht geworden? Es offenbart sich nicht mehr durch die Blätter.

Zum Winter hin zieht sich das Licht aus der Außenwelt zurück. Wir finden es nicht mehr in der Sinneswelt, auch nicht in den Blättern. Auf der Erde wird es kalt und karg. Wir müssen damit beginnen, das Licht in uns selbst zu suchen.

Auf diese Notwendigkeit weist der Zeitpunkt des Michaelsfestes hin, denn Michaeli liegt wenige Tage nach der Herbst-Tagundnachtgleiche; die Dunkelheit beginnt also, über das Tageslicht zu herrschen.

Die Sternschnuppe am Himmel, dieses aufgleißende Hoffnungslicht im Dunkel der Nacht, mag empfunden werden wie ein Funken, an dem das menschliche Herz sich entzünden soll, um dann zur Weihnachtszeit hell aufflammen zu können.

In der polnischen Legende begegnet uns Michael als der Verkünder des Weihnachtslichtes. Es kann sich aber nicht, wie bei Johannes, um die Ankündigung der historischen Geburt des Christus handeln, sondern um den Zeitpunkt, an dem die Erde durchchristet und verwandelt wird. Diesen Zeitpunkt umschreibt Christian Morgenstern in dem bereits angeführten Gedicht mit den Worten:

– nun der Erde
innerlichstes Himmelsfeuer:
daß auch sie einst Sonne werde.

Johannes bereitet den Weg des Christus auf Erden vor; er weiß, daß das Christuslicht erst allmählich in den Menschenseelen wachsen kann.

Michael will die menschliche Seele erstarken, will ihr bei der Aufgabe zur Seite stehen, das innere Licht immer kräftiger leuchten zu lassen.

Der folgende Spruch von Angelus Silesius hat heute mehr Gültigkeit denn je:

Wird Christus tausendmal zu Bethlehem geboren
Und nicht in dir, du bleibst doch ewiglich verloren.

Die christlichen Traditionsfeste Weihnachten, Ostern und Pfingsten erinnern den Menschen an das Leben und Wirken Christi. Johanni und Michaeli aber erinnern an die Vorbereiter der Christgeburt in den Menschenseelen. Damit das Christuswirken für jede Menschenseele und für die ganze Erde, die so abhängig vom Menschen geworden ist, fruchtbar werden kann, bedarf es der inneren Anstrengung. Johannes weist auf diese Notwendigkeit hin, Michael stellt seine Kräfte den Menschen aktiv zur Verfügung – der Mensch kann sie ergreifen, wenn er es will. Das ist unsere Freiheit.

Die Gestaltung des Michaelsfestes

Ist es schon nicht leicht, eine angemessene Gestaltung für das Johannifest zu finden, so ist es noch schwerer, eine Art Herbstfest einzurichten. Im Grunde liegen diese beiden Feste noch in einer Art Dornröschenschlaf und warten auf eine schöpferische Tat des Menschen. Diese Tat aber kann nur aus einem sich wandelnden Bewußtsein der Menschheit erwachsen.

Wenn nun geschildert wird, wie ich dieses Fest mit den Kindern im Kindergarten zu gestalten versuche, möge man sich bewußt sein, daß es sich dabei nur um einen ersten winzigen Keim handeln kann. Noch fehlt der große gemeinschaftliche Impuls der Menschheit, auch in der Sommerzeit und im Herbst ein Fest zu feiern. Es ist ein weiter Weg, bis diese Feste in ähnlicher Art gefeiert werden können wie zum Beispiel das Weihnachtsfest. Aber gerade deshalb bedarf es der Keime in heutiger Zeit, damit aus diesen Keimen einmal Feste werden können, die das soziale Miteinander der Menschen neu befruchten.

Gerade das Michaeli-Erntefest hat in den Jahren meiner Tätigkeit als Kindergärtnerin viele Wandlungen durchgemacht. In den ersten Jahren war es mir immer so erschienen, als sei das Erntedankfest ganz anderer Natur als Michaeli, welches ich als ein Fest ansah, das in die Zukunft weist und dem Menschen einen Zukunftsimpuls geben möchte. Diesen Impuls, den Kampf mit den Mächten der Finsternis aufzunehmen, hatte ich als rein geistige Aufgabe vor Augen. Eine Verbindung zur Natur erschien mir nur insoweit offenkundig, als die dunkler werdenden Tage den Menschen aufrufen, in sich selbst ein Licht zu entzünden.

Erntedank hingegen galt mir lange als ein Fest, an dem der Mensch seinen Blick in die Vergangenheit richtet, sich des Werdens und Wachsens während des Sommers dankend erinnert.

Entsprechend dieser Anschauung feierte ich mit den Kindern zwei Feste im Herbst: ein Erntedankfest und ein Michaelsfest. Sie standen fast beziehungslos nebeneinander, wenn sie auch in wenigen Tagen aufeinander folgten.

An Michaeli war mein Blick ganz auf das Geistige gerichtet, an Erntedank ganz auf die Natur.

Mit der Zeit aber wurde mir diese Art der Gestaltung schwerer. Mit wachsendem Unbehagen feierte ich beide Feste weiter und suchte nach einem Ausweg. Die Vorträge Rudolf Steiners zum Jahreskreislauf hatte ich schon einige Male gelesen, aber es war mir zunächst nicht bewußt geworden, wie stark er dort Naturleben und Geisteswirken verbindet und daß darin eigentlich der Schlüssel liegen müßte.

Aber eines Tages rührte mich der Hinweis auf die fallenden Blätter in besonderer Weise an, und ich begann, die herbstliche Natur intensiver zu betrachten und zu beachten. Einmal wach geworden für diese Fragen, begegneten mir immer neue Hinweise auf den Zusammenhang von Erntezeit und Michaeli.

Vor einem Brombeerbusch stehend, der noch unreife, einige überreife und einige reife Beeren trug, kam mir plötzlich der Gedanke, daß das michaelische Zeichen der Waage auch in der Natur aufzufinden ist, nämlich im Moment der Reife, im Gleichgewicht zwischen Wachsen und Vergehen. Der Moment der Reife aber ist der Moment der Ernte. Damit tat sich der Zusammenhang von Erntezeit und Michaeli ahnungsweise auf. Nach und nach entstand dabei für mich ein ganz neues Bild eines Herbstfestes. Nicht darum konnte es gehen, Natur und Geist in zwei Feste zu zwingen und so zu trennen, sondern ein Fest zu gestalten, das beide zu vereinen sucht.

Nicht mehr Erntedank hier und Michaeli dort, sondern *ein* Herbstfest ergab sich als Notwendigkeit aus diesen Beobachtungen und Einsichten.

Von inneren Einsichten bis hin zu Taten ist aber immer noch ein weiter Weg. Deshalb sollte die derzeitige Festgestaltung, die ich hier kurz schildern möchte, auch nur als ein Schritt auf einem lebenslangen Weg angesehen werden.

Früher hatte an unserem Michaelsfest immer das Schwert Michaels eine wesentliche Rolle gespielt. Jedes Kind durfte sich ein Schwert zimmern, das dann vergoldet wurde. Das Motiv des Kämpfers Michael füllte sozusagen den ganzen Michaelstag aus.

Dieser Aspekt taucht auch heute noch auf, zum Beispiel in dem Märchen, das zu Michaeli erzählt wird, oder in dem kleinen St. Georgsspiel, das wir jedes Jahr machen. Zugleich aber ist jetzt in den Michaelstag eingebunden die Seite der Natur, das Erntefest.

Schon Wochen vor dem Festtag arbeiten wir an den Korngarben, dreschen und blasen Spelzen aus. Zuweilen haben wir sogar ein wenig Getreide in unserem Garten, dessen Ernte dann allerdings meistens in die Sommerferien fällt.

Außerdem binden wir einen Erntekranz, der zum Festtag aufgehängt wird und die ganze Michaelszeit über hängen bleibt. Am Michaelstag selbst ist der Raum morgens festlich geschmückt, vor einem Michaelsbild brennt eine Kerze.

Jedes Kind bringt ein gefülltes Erntekörbchen mit. Die Eltern werden gebeten, den Inhalt nicht im Laden einzukaufen, sondern lieber selbst etwas mit den Kindern im Garten zu ernten oder in der Natur zu suchen, seien es Hagebutten, Kastanien oder Eicheln.

All die mitgebrachten Sachen werden von uns sortiert, und endlich stehen eine ganze Reihe von Schüsseln und Körben da, angefüllt mit den Gaben der Natur. Das Obst wird für das Frühstück gerichtet, zu dem es ein einige Tage vorher gebackenes Brot gibt. Aus dem Gemüse wird an einem der folgenden Tage eine Suppe gekocht, die sich großer Beliebtheit bei den Kindern erfreut. Es wartet aber noch eine andere Tätigkeit auf uns, zu der sich alle Kinder um den Tisch herum versammeln.

Frühmorgens habe ich Teig angesetzt, in dem auch das selbstausgedroschene und gemahlene Korn verwertet wird. Daraus werden nun Michaelswecken gebacken. Wenn jedes Kind sein Brötchen fertig geformt vor sich auf dem Tisch liegen hat, gehe ich, einen Spruch sagend, um den Tisch herum und gebe jedem Brötchen das Zeichen des Kreuzes.

War vorher alles emsige Geschäftigkeit, so wird es in diesem Augenblick ganz still. Von den Eltern höre ich immer wieder, wie wichtig den Kindern dieser Moment ist, denn er macht aus den Brötchen erst wirkliche Michaeli-Brötchen. Für mich selbst ist dieser kurze Augenblick des Tages der konzentrierteste und schwerste, denn er muß ja innerlich erfüllt werden.

Nach dem Erntereigen wird gefrühstückt. Währenddessen backen unsere Brötchen und verbreiten einen angenehmen Duft. Nach dem Frühstück gehen die Kinder, wie sonst auch, in den Garten hinaus.

Zum Abschluß machen wir an diesem Michaelstag erstmalig ein kleines Sankt Georgsspiel. Dieses Spiel taucht in den kommenden Wochen innerhalb der Reigenzeit auf, während mittags ein zur Michaelizeit passendes Märchen erzählt wird, zum Beispiel *Die Kristallkugel* der Brüder Grimm oder das Märchen aus Siebenbürgen *Die Königstochter in der Flammenburg.*

Vor dem Heimgehen werden die inzwischen in Servietten verpackten Brötchen den Kindern in ihr leeres Körbchen gelegt. Das kleine Brötchen wird nach Auskunft der Eltern meistens im Familienkreis geteilt und gemeinsam verzehrt.

In den Wochen um Michaeli herum ernten wir natürlich auch im Kindergarten, und sei es, daß wir Blumensamen abnehmen für die Aussaat im Frühling.

Wenn die Umgebung es gestattet, kann man mit den Kindern auch Drachen fliegen lassen. Der Drache, den man fest an der Leine hält, damit er sich nicht selbständig macht, ist ein angemessenes Bild für den Umgang mit diesen den Menschen versuchenden Kräften. Allerdings können Kinder erst von einem bestimmten Alter an selbst den Drachen fliegen lassen, deshalb eignet sich diese Sitte eher für jüngere Schulkinder.

Früher ließ man die Drachen auf den Stoppelfeldern fliegen. Die abgeerntete Erde war der Boden, von dem aus das Drachensteigen stattfand. Wahrscheinlich hatten die Menschen ein Empfinden dafür, daß gerade in dieser Zeit die Drachenkräfte gebändigt werden müssen.

Die Vorbereitung auf ein Fest ist immer ebenso wichtig wie die Gestaltung selbst. Für den Erwachsenen bedarf es einer inneren Vorbereitung, damit Bild und äußeres Tun zur Deckung kommen können. Für Kinder sind es die äußeren Eindrücke, die Sinneserlebnisse, die die Vorfreude auf ein Fest anregen, zum Beispiel, wenn vorher das Brot oder der Kuchen gebacken wird. (Es gibt inzwischen in einer Reihe von Jahreszeiten-Büchern ein reiches Material an Erzählstoff und auch an praktischen Hinweisen.[23])

Diese konkreten Schilderungen sollen als individueller Versuch verstanden werden, die gewonnenen Einsichten umzusetzen und in dem Bereich, in den man gestellt ist – sei es Kindergarten oder Familie –, eine Art Brauchtum zu entwickeln.

Zweifellos gibt es auch andere Gestaltungsmöglichkeiten des Michaelstages als die hier geschilderten. Es kommt dabei nicht darauf an, sehr viel zu machen, entscheidend ist, daß man das, was man im einzelnen gestalten möchte, gedanklich vorbereitet und innerlich trägt.

Damit sind wir am Ende der beiden ersten Kapitel angelangt, die zwangsläufig etwas anders aufgebaut werden mußten als die nun folgenden.

Mit der Spätherbst- und Winterzeit kommen wir zu den vielen überlieferten Bräuchen, die heute noch mehr oder weniger lebendig sind.

Nun ist es nicht mehr nötig, sich vom Hintergrund eines Festes zu einer möglichen Festgestaltung hinzutasten, sondern der umgekehrte Weg kann eingeschlagen werden: von den Bräuchen hin zu den Hintergründen der Feste.

LATERNENFEST – MARTINI

Laternenzeit

In der Zeit zwischen Michaeli und Weihnachten ist es auch heute noch vielerorts üblich, daß in der einbrechenden Dunkelheit Laternenumzüge gemacht werden. Den Ursprung der Laternenumzüge muß man wohl in vorchristlichen Traditionen suchen, bei denen ausgehöhlte Rüben oder Kürbisse als Laternen dienten. Vermutlich waren solche Bräuche mit alten Erntefeiern verbunden.

Im weiteren Verlauf rückte dann der Zeitpunkt der Laternenumzüge – insbesondere in bestimmten Gebieten – immer mehr zusammen mit dem Martinstag, dem 11. November.

Auf die Gestalt des Sankt Martin soll später eingegangen werden. Wenden wir uns zunächst dem Bild der Laterne zu.

Ein Licht, das von einer schützenden Hülle umgeben ist, wird durch die immer dunkler werdenden Abende getragen. Am Schluß des Kapitels über Michaeli sprachen wir von dem inneren Licht, das der Mensch entzünden muß. Die Laterne kann uns wie ein Bild für diesen Weg des inneren Lichtes sein. Es ist nicht mehr das Licht der Natur, das Tageslicht, es ist aber auch noch nicht das Licht, das wir an Weihnachten als Bild des im Erdenraum geborenen Weltenlichtes am Weihnachtsbaum anzünden. Die Laterne wird nicht im Innenraum angezündet, sondern draußen durch die Natur getragen. Da das Licht aber eine Hülle hat, kann es den Elementen der Natur trotzen. Es handelt sich nicht mehr um ein natürliches Licht, sondern um ein vom Menschen entzündetes, in dem sich des Menschen Eigenständigkeit gegenüber der Natur ausdrückt. In dem Lied:

Ich geh mit meiner Laterne
und meine Laterne mit mir,
da droben leuchten die Sterne,
hier unten leuchten wir

wird diese Eigenständigkeit des Menschen durch die letzte Zeile noch betont: «Hier unten leuchten wir!» Der Urheber dieser Volksweise mag sich gar nicht so viel bei seinem Liedchen gedacht haben, dennoch liegt in diesen wenigen Worten etwas darinnen von des Menschen Verhältnis zur Welt in der Herbst/Winterzeit. «Da droben leuchten die Sterne», also der Kosmos und seine Kräfte, und «hier unten leuchten wir», nämlich der Mensch, der sich seiner Eigenständigkeit gegenüber dem Kosmos bewußt wird und sein eigenes Licht entzündet.

Wenn ich mich meiner eigenen Kindheit erinnere, so hatte das Laternelaufen noch einen ganz anderen Charakter, als das in einer Stadt möglich ist. Wir Kinder aus dem Dorf, in dem es nicht eine einzige Straßenlaterne gab, zogen singend durch die Straßen. Der Weg führte uns auch an einem Wald entlang – dann sangen wir besonders laut. Erwachsene waren nicht dabei, nur Kinder verschiedener Altersgruppen waren unterwegs.

Vor allen Dingen auf dem Nachhauseweg, wenn wir uns trennten und jeder sein letztes Stückchen Weg alleine gehen mußte und es zumeist schon stockdunkel war, wurde das Laternelaufen zu einer kleinen Mutprobe. Aber man hatte ja seine Laterne, die warm und freundlich voranschien, und wenn man recht intensiv auf dieses Licht sah, dann war der Weg an der dunklen Gartenhecke entlang bald überstanden. Das Erlebnis der Dunkelheit und der eigenen Laterne, die in diese Dunkelheit hineinschien, ist tief eingeprägt.

Das Laternelaufen bedeutete eine wirkliche Auseinandersetzung mit der zunehmenden Dunkelheit. So ähnlich mag es auch in früheren Zeiten gewesen sein, als die Menschen ausgehöhlte Kürbisse oder Rüben mit einem Licht versahen und es durch die Dunkelheit trugen. Vielleicht waren die Fratzen und Gesichter, die in die Kürbisse geschnitten wurden, als Schutz gegen die Geister der Finsternis gedacht, die die Menschen früherer Zeiten noch ganz real erlebten?

Das Bild aber, daß der Mensch ein Licht durch die Dunkelheit trägt und so der sich ausbreitenden Dunkelheit der Außenwelt ein selbst entzündetes Licht entgegenhält, hat auch heute noch Bestand.

Die Verbindung des Lichterumzuges mit der Martinsgestalt wird auf die sogenannte Lucerna-Perikope des 11. November zurückgeführt. Diese Perikope wird bereits im 13. Jahrhundert erwähnt und war später für viele Jahrhunderte allgemein vorgeschrieben. Die betreffenden Evangelienstellen finden wir bei Lukas 11, 33-36 und bei Matthäus 5, 15 und 6, 22-23.

Die Bischofsgestalt des Martin ist ursprünglich nur im rheinländischen Gebiet verbürgt. Im südostdeutschen Raum ist zur Martinszeit der Pelzmärte oder Butzemärtel aufgetreten. Da die Volksbräuche des Martin sich aber sehr mit denen des Nikolaus vermischten, kommt der Pelzmärte auch zur Nikolauszeit.[24]

Der Martinsbrauch ist nicht so weit verbreitet wie der Nikolausbrauch und wird vor allem in katholischen Gegenden gepflegt. Das mag damit zusammenhängen, daß die Christianisierung der römischen Kirche durch die Franken im Namen des heiligen Martin vollzogen wurde.

Bis ins 10. Jahrhundert hinein war zunächst Sankt Martin der Volksheilige; er wurde dann aber im Volksbrauch mehr und mehr durch den heiligen Nikolaus verdrängt.

Martin gehört zu den Heiligengestalten, über die Rudolf Steiner sich nicht geäußert hat. So begann ich meine Nachforschungen mit dem Aufschlagen des Brockhaus. Neben all den bekannten, durch die Legende überlieferten Begebenheiten, weist der Brockhaus darauf hin, daß Martin ein entschiedener Gegner des arianischen Christentums war. Er selbst hing dem athanasianischen Christentum an. Was bedeutet das?

Zu den Unterschieden zwischen dem arianischen und dem athanasianischen Christentum findet man bei Rudolf Steiner eine Fülle von Hinweisen, die ich hier, soweit sie mir bekannt sind, zusammenfassen möchte.

Zunächst seien einige Zitate aus verschiedenen Vorträgen Rudolf Steiners angeführt:

«Und zwar war Athanasius der Anschauung, daß der

Christus ein Gott ist wie der Vater-Gott, daß es also den Vater-Gott gäbe und vollständig gleicher Natur und Wesenheit mit dem Vater-Gott der Christus-Gott sei, von Ewigkeit mit ihm gleicher Natur und Wesenheit. Diese Anschauung ist dann übergegangen in den römischen Katholizismus, denn der römische Katholizismus bekennt sich heute noch zu dem Glauben des Athanasius ... Arius trat dieser Anschauung entgegen. Arius war der Meinung, daß man nur sagen könne, es gäbe einen überragenden Gott, den Vater-Gott, und der Sohn-Gott, also der Christus, sei von dem Vater zwar vor der Zeit, aber doch eben geschaffen. Also er sei nicht gleicher Natur und Wesenheit, sondern etwas, was sich aus dem Vater-Gott erst entwickelt hat ... das der Menschheit näher steht als der Vater-Gott, als etwas, das gewissermaßen die Vermittlung bildet zwischen dem in Höhen schwebenden Vater-Gotte, der zunächst für die menschlichen Erkenntniskräfte nicht zu erreichen ist, und dem, was der Mensch in sich selber findet.»[25]

In einem anderen Vortragszyklus führt Rudolf Steiner aus, daß Arius an eine allmähliche Entwicklung des Menschen glaubte, die er Vergöttlichung nannte. Der Mensch könne sich Gott durch Entwicklung annähern. Dem stand die Anschauung des Athanasius gegenüber, daß der Christus über alles, was mit dem Menschen zusammenhängt, hinausgehoben werden müsse.

«Die Arianer sahen in Christus einen Menschen, hochentwickelt über alle anderen Menschen zwar, aber Mensch unter Menschen. Ihr Christus gehörte zu den Menschen und wohnte in des Menschen Brust. Der Christus der athanasischen Christen ist Gott selbst, der hoch über den Menschen thronte.»[26]

Rudolf Steiner weist darauf hin, daß man im Arianismus einen letzten Ausläufer derjenigen Weltanschauung sehen kann, die noch einen Zusammenhang zwischen der sinnenfälligen Welt und der spirituell-göttlichen Welt gesucht hat.

Der Arianismus wurde Anfang des 4. Jahrhunderts auf dem Konzil von Nicäa für ketzerisch erklärt und von da an verfolgt.

Aus der athanasianischen Anschauung mußte sich nun zwangsläufig die hierarchische Form der Kirche herausbilden, die heute noch, vor allem im Katholizismus, zu finden ist. Wenn Christus hoch über dem Menschen thront und für den Menschen selbst nicht erreichbar ist, muß etwas eingerichtet werden, das die Vermittlung zwischen Mensch und Christus übernimmt. So entstand die Institution Kirche, an deren oberster Stelle der Stellvertreter Christi auf Erden steht, der Papst. Christus wurde nun nicht mehr als gegenwärtiges Wesen in dem einzelnen Menschen erlebt, sondern seine Lehren wurden von der Kirche überliefert und verwaltet. Christus wurde so zu einer in erster Linie historischen Persönlichkeit, deren überlieferte Lehren der Kirche zugrunde lagen, deren geistige Gegenwart aber eine immer geringere Rolle spielte. So erstarrte das Christentum allmählich, und an die Stelle des paulinischen «Christus in mir» traten Dekrete und Dogmen, die der Stellvertreter Christi, der Papst, erließ.

Diese Entwicklung führte zu einer ungeheuren Macht der Kirche, die sich schließlich auch auf weltliche Angelegenheiten ausdehnte (Abhängigkeit der Kaiser von der römischen Kirche, insbesondere seit Gregor VII).

Letzten Endes aber hatte diese athanasianische Anschauung eine solche Entfremung des Menschen von der göttlichen Welt zur Folge, daß dadurch überhaupt erst unsere materialistische Zeit möglich wurde.

Wie hat sich nun das athanasianische Christentum ausgebreitet?

Zum Wegbereiter des athanasianischen Glaubens machten sich die Franken. Mit unglaublicher Gewalt wurde den Nachbarvölkern, vor allem den Sachsen in Norddeutschland und den Alemannen im Süden Deutschlands, das athanasianische Christentum aufgezwungen. Emil Bock weist in seinem Buch über die Romanik darauf hin, daß mit an Sicherheit grenzender Wahrscheinlichkeit die Alemannen bereits zum arianischen Christentum übergetreten, also durchaus keine Heiden mehr waren, als ihnen das athanasianische Christentum mit Gewalt durch die Franken aufgezwungen wurde. Diese Christianisierung (denn als solche gilt sie offiziell) der Franken geschah unter dem Banner und im Namen des heiligen Martin.

Sankt Martin war der Schutzheilige des Frankenreiches.

Dazu seien einige Passagen aus dem Buch Emil Bocks zitiert:

«Es ist nicht nur sehr wohl möglich, sondern bis zu einem hohen Grade wahrscheinlich, daß die Form des Christentums, die im Zeichen des heiligen Martin auftrat, erst mit der Zeit in mehr oder weniger zwangsmäßiger Vereinheitlichung einem freier sich entfaltenden, andersgestimmten Christentum übergestülpt worden ist ... Es ist häufig von kunst- und religionsgeschichtlicher Seite die These aufgestellt worden, daß Kirchen, die bestimmten christlichen Heiligen geweiht sind, die Fortsetzung vorchristlicher Wodans-Heiligtümer seien. Und zwar meint man, daß dies vorzüglich bei Martins- und Michaelskirchen der Fall sei ... Daß man im Tasten nach älteren, heidnischen Heiligtümern die Martinskirchen mit den Michaelskirchen im gleichen Atemzug hat nennen können, ist eine Folge davon, daß man die großen dunkelbleibenden Zwischenräume zwischen einigen festen historischen Punkten, wie wir sie zu umreißen versucht haben, nicht zu bedenken und zu berücksichtigen gewöhnt ist. Die Martinskirchen führen uns als solche nicht in sehr alte Zeiten zurück. Wohl aber haben wir in vielen Michaelsheiligtümern bewiesenermaßen solche Kultstätten, die uns nicht nur in die Zeit der alemannischen Siedlung, sondern noch weit darüber hinaus in römische und keltische Zeiten zurückschauen lassen ... Wir werden sehen, daß die Verehrung des heiligen Martin sogar an manchen Orten, wahrscheinlich durch fränkische Propaganda, an die Stelle einer ursprünglichen Michaelverehrung gesetzt worden ist ...

In Martin und Michael standen sich ursprünglich die Stammesheiligen zweier germanischer Völkergruppen gegenüber: der junge, aus den Reihen der Menschen genommene Heilige der Frankenstämme und der Erzengel, der unter anderem Namen schon in uralter Zeit von den Kelten verehrt und jetzt von den langobardisch-suebisch-alemannischen Völkern, die in seinem Zeichen Christen wurden, als mit dem führenden Genius ihrer Stämme identisch erkannt worden war. Indem die Franken nach der Herrschaft über die Nachbarstämme trachteten, mußte es ihr Bestreben sein, den Kultus ihres Stammesheiligen durchzusetzen und dadurch die Heiligenverehrung der anderen Stämme zu verdrängen. Daß im Laufe der Zeit der Erzengel Michael weithin als der Genius des sich bildenden Gesamtvolkes empfunden wurde, so daß in Martin und Michael immer deutlicher ein Stammesheiliger und der umfassende Volksgeist einander gegenüberstanden, war eine Entwicklung, die von den Franken nicht oder nur widerwillig mitgemacht wurde.»[27]

Wenn man all das ins Auge faßt, was bis jetzt zusammengetragen wurde, könnte man der Gestalt des Martin mit großen Vorbehalten gegenübertreten. Es kann uns aber nicht darum gehen, nun für das eine oder andere Sympathie beziehungsweise Antipathie zu entwickeln. Es soll uns vielmehr darauf ankommen, daß wir verstehen lernen, was uns in der Gestalt des Martin entgegentritt und weshalb es zu dieser Entwicklung kam. Warum hat zu einer bestimmten Zeit das athanasianische Christentum das arianische verdrängt?

Dazu sagt Rudolf Steiner: «Diese Art des Christus-Impulses [des arianischen], die mußte eben gerade aus dem Grunde zurückgeschoben werden, weil sie nicht für die Völker Europas war.»[28]

Wir sehen, daß die Verbreitung des athanasianischen Christentums – wir können es auch römisches oder exoterisches Christentum nennen – durchaus eine Berechtigung hatte. Das athanasianische Christentum hat in gewisser Weise den Christus-Impuls aus der menschlichen Brust herausgerissen, hat den Christus in unerreichbare Höhen gesetzt und somit wesentlich dazu beigetragen, daß eine Zeit hereinbrechen konnte, in der die Menschheit sich ganz und gar von der göttlichen Welt abwendete und sich völlig der Sinnenwelt hingab.

Dieser Abstieg der Menschheit in den Materialismus *war* durchaus nötig, denn nur dadurch ist der Mensch heute in der Lage, nunmehr in völliger Freiheit den Weg zur spirituell-göttlichen Welt zu suchen. Seit dem Ende des 19. Jahrhunderts aber ist die Menschheit an den Punkt gelangt, wo sie durch einen weiteren Abstieg sich notwendigerweise selbst zerstören würde. Alle Anzeichen dafür sind bereits vorhanden.

Aus diesem Grunde brachte Rudolf Steiner um die Jahrhundertwende der Menschheit die Anthroposophie, die den Weg zeigt, wie der Mensch mit dem modernen Bewußtsein wiederum eine Verbindung zwischen dem Göttlichen in sich und dem Göttlichen in der Welt finden kann. Die geistige Leitgestalt dieser Bewegung ist der Erzengel, der Zeitgeist Michael, wie vor mehr als einem Jahrtausend Martin zum Bannerträger der in den Materialismus hineinführenden Bewegung wurde. Es ist bezeichnend, daß das athanasianische Christentum nicht im Namen eines göttlichen Wesens, sondern im Namen eines Menschen verbreitet wurde.

Schauen wir uns nun die Gebärde des heiligen Martin, wie sie uns in vielen Gemälden überliefert ist, näher an.

Martin sitzt auf einem Pferd. Zu seinen Füßen kniet oder steht ein Bettler, der manchmal nackt, manchmal ärmlich bekleidet ist. Das Pferd des Sankt Martin hält auf den Bildern, die mir zugänglich waren, nicht im Gang inne; es geht weiter. Im Vorüberreiten also reicht Martin, der Ritter, dem Bettler einen Teil seines Mantels hin. Martin legt dem Bettler nicht den Mantel um, sondern er reicht ihm lediglich den einen Teil, den er mit dem Schwert abgetrennt hat. Auf einigen Darstellungen streckt der Bettler ihm beide Arme entgegen, um den Mantel in Empfang zu nehmen. Martin beugt sich kaum zu dem Bettler hinunter, sein Blick geht oft über ihn hinweg. Er sitzt sehr aufrecht auf dem Pferd.

Was spricht sich in dieser Geste aus?

Mir scheint, daß es eine sehr geringe Art der Zuwendung ist. Das Pferd hält nicht im Gang inne, geschweige denn, daß Martin vom Pferd absteigt und dem Bettler liebevoll den Mantel umhängt.

Martin wurde zum Symbol der Mildtätigkeit. Ist Mildtätigkeit schon gleichzusetzen mit der christlichen Form von Brüderlichkeit? Mildtätigkeit kann es nur in Gesellschaften geben, in denen die sozialen Gegensätze sehr ausgeprägt sind.

Es ist bezeichnend, daß Martin, der zur Symbolgestalt *der* Gesellschaft wurde, die ein hierarchisches System erst in dieser deutlichen Ausprägung schuf, auch in der Geste, wie er den halben Mantel weggibt, ein deutliches Bild dieser Gesellschaft darstellt: Ein Höhergestellter reicht dem unter ihm Stehenden die milde Gabe hin. Martin ist ein Repräsentant unserer sozialen Strukturen. Sind diese Strukturen aber noch tragfähig für die Zukunft?

Wir müssen dieses Bild durchaus als symbolkräftiges Urbild sehen, wenn wir es vor die Kinderseelen stellen und mit ihnen das Tun des heiligen Martin feiern. Gehört es nicht heute vielmehr zu unseren Aufgaben, den Kindern kräftige Urbilder einer in Zukunft notwendigen Brüderlichkeit zu geben, wie sie schon im Urchristentum gepflegt wurde?

Erst durch die Verdrängung des Urchristentums durch das römische Christentum entstanden Verhältnisse, in denen Besitz, Eigentum, Reichtum und Macht die dominierende Rolle spielten. So ist es bis zum heutigen Zeitpunkt geblieben.

Nun noch einige Anmerkungen zu dem Bild des geteilten Mantels. Der Kunsthistoriker Rudolf Kutzli hielt im November 1987 einmal zu dem Thema «Sankt Martin» einen Vortrag, in dem er den Mantel als Bild der Liebe auffaßte. Es heißt ja auch im Volksmund, daß man etwas mit dem Mantel der Nächstenliebe zudeckt. Kutzli erwähnte einen Vortrag Rudolf Steiners, in dem über Macht, Weisheit und Liebe gesprochen wird. Steiner führt darin aus, daß sowohl Macht als auch Weisheit teilbar sei, daß aber die Liebe den Menschen als eine unteilbare Kraft von Gott geschenkt wurde. Die Liebe ist nicht stückweise

Sankt Martin.
Wandgemälde, um 1520 in der Liebfrauenkirche
zu Oberwesel. Beuroner Kunstverlag, Beuron.

in die Welt gekommen.[29] Sieht man in dem Mantel ein Bild für die Liebe, so muß einen die Teilung des Mantels befremden.

Nun gehörte andererseits der Mantel immer zu den Insignien der Macht oder des Standes, dem ein Mensch angehörte. Denken wir an den Hermelinmantel des Königs oder den Mantel, den bestimmte Ritterorden trugen. Sieht man in dem Mantel ein solches Zeichen der Macht, dann erscheint die Teilung durchaus nicht abwegig, sondern als eine Tat, die aufhorchen läßt. Wir kommen allerdings in einen merkwürdigen Widerspruch hinein, denn das Teilen des Mantels stünde in einem ausgesprochenen Widerspruch zu der Gebärde des heiligen Martin, wie sie uns auf Bildern gezeigt wird. Teilt man so die Macht mit einem Menschen, indem man ihm von oben herab eine Hälfte zureicht? Wenn ich einem Menschen einen Teil meiner Macht abtrete, sollte ich mich dann nicht mit ihm auf eine Ebene stellen, mich ihm gewissermaßen gleichstellen?

Diesen Widerspruch muß ich unaufgelöst stehenlassen.

Zum Schluß soll uns noch der Teil der Legende des heiligen Martin beschäftigen, der uns mitteilt, daß Sankt Martin nach der Mantelteilung eine Erscheinung des Christus hatte: «Des Nachts darnach sah er Christum für ihn kommen, der war gekleidet mit dem Stücke des Mantels, das er dem Armen hatte gegeben. Und der Herr sprach zu den Engeln, die um ihn stunden: Martinus, der noch nicht getauft ist, hat mich mit diesem Kleide gekleidet. Davon ward aber der Heilige nicht hoffärtig, sondern er erkannte Gottes Güte; und er ließ sich taufen, da er seines Alters war 18 Jahre alt» *(Legenda Aurea)*.

Es stellt sich uns die brennende Frage, wie diese Legende wohl entstanden sein mag. Wir müssen immerhin die

Möglichkeit mit einbeziehen, daß sie geschaffen wurde, um damit etwas Bestimmtes zu erreichen. Könnte es nicht sein, daß man sie um Martin schuf, um den «Heiden» die Taufe, also die Bekehrung, schmackhafter zu machen? Denn von der Bekehrung handelt ja die Legende. Ob dieses Erlebnis des Martin nun authentisch ist oder nicht, auf jeden Fall kam es den Bestrebungen der Vertreter des athanasianischen Christentums entgegen.

Weiter ist zu fragen, ob eine Beziehung besteht zwischen dem, was im Namen des Martin getan wurde, und der Individualität des Martin. Die Bestrebungen der Individualität und die Absichten derer, die in seinem Namen handelten, müssen nicht zwangsläufig übereinstimmen.

Möglicherweise sind diese historisch-politischen Zusammenhänge der Grund, daß vielerorts schon bald der Martinsbrauch durch den Nikolausbrauch, bei dem ebenfalls vorchristliche Elemente durchschimmern, abgelöst wurde. Während die Martinsverehrung von Westen her in den von den Franken eroberten Gebieten verbreitet wurde, ging die Nikolausverehrung vom Osten aus. Es lassen sich bei der Einsetzung der Heiligen zwei Richtungen feststellen. Eine, bei der die Heiligenverehrung vom Volk ausging und die später von der Kirche anerkannt wurde: die Nikolausverehrung. Die andere Richtung ging von der Kirchenobrigkeit aus und wurde dem Volk zuweilen mit Gewalt aufgezwungen: die Martinsverehrung.

Schon in alten norwegischen Runenkalendern ist am 11. November das Motiv der Gans zu finden. Die wesentliche Eigenschaft der Gans ist eine unglaubliche Wachheit in den Sinnen. Aus diesem Grund werden auch heute noch vielfach Gänse zur Bewachung von Waffenlagern gehalten; sie schreien laut und vernehmlich, wenn jemand naht. Vielleicht ist ihre besondere Wachsamkeit, ihre sprichwörtliche Hellfühligkeit mit ein Grund dafür, daß sie immer wieder als mythische Tiere auftauchen.

In dem mehrfach erwähnten Zyklus über den Jahreskreislauf schildert Rudolf Steiner, daß in alten Mysterienschulen den Menschen zu den verschiedenen Jahreszeiten verschiedene Übungen auferlegt wurden. Man muß sich klar machen, daß damals das Bewußtsein der Menschen noch ein völlig anderes war als unser heutiges Bewußtsein.

Im Sommer erlebten die Menschen zu jener Zeit besonders stark das Göttlich-Geistige als moralisch impulsierende Kraft. Während des Winters hingegen fühlten sie sich ganz verbunden mit den Kräften der Erde, gewissermaßen mitgenommen von dem Frostigen und Schweren der Erde. Während wir Menschen heute im Herbst den Blick nach innen wenden, das Licht in uns suchen sollen, gehörte es damals zu den Aufgaben der Menschen, im Herbst vor allem in den Sinnen wach zu werden. Sie befanden sich den Sommer über in einer Art Traumzustand. Sie erlebten weniger das Sinnliche der Natur, sondern mehr die geistigen Kräfte, die in der Natur wirken.

Erst wenn das Geistige sich allmählich aus der Natur zurückzog, erwachten sie für die sinnliche Natur. Und so lauteten die Worte, die die Mysterienlehrer als Übung gaben, sinngemäß: «Schaue um dich.» Solange der Mensch also bewußtseinsmäßig so veranlagt war, daß er im Sommer, wenn das Geistige sich in der Natur offenbart, traumhaft dieses Geistige wahrnahm und weniger den Sinneseindruck der Natur hatte, solange mußte er, um die Sinneswelt wahrzunehmen, den Herbst abwarten, in dem sich das Geistige aus der Natur zurückzieht.

Wir heutigen Menschen können gerade dann das Geistige finden, wenn die Sinneswelt sich zurückzieht, wenn in der Natur der Todesprozeß einsetzt; denn wir erleben die

Sinneswelt wie einen (heute sehr dichten) Schleier vor der geistigen Welt. Im Sommer saugen wir uns mit Sinneseindrücken voll, während in den beschriebenen vergangenen Zeiten die Menschen gerade im Sommer das Geisteslicht empfingen.

Im Herbst, wenn das Geistige sich aus der Sinneswelt zurückzieht, konnten sie um sich schauen und mit ihren Sinnen die Natur erkennen. Weiß man um diese Dinge, so beginnt man zu ahnen, weshalb gerade die Gans, dieses hellwache Sinnestier, zum Symbol des Herbstes, zum Symbol des 11. November wurde. Der 11. November liegt exakt zwischen Michaeli und Weihnachten, also in der Zeit intensivsten Vergehens.

Nach dem Volksbrauch beginnt an Martini sogar die Winterszeit, das Vieh wurde eingetrieben, und ein Spruch sagt: «Sankt Martin kommt auf einem Schimmel», was in diesem Fall soviel heißt wie: Er bringt Schnee. Alle diese Bräuche zeigen an, daß um den 11. November die Natur wirklich erstirbt und die Winterzeit anbricht. Diesen Zeitpunkt erlebten die Menschen alter Zeiten sicher sehr viel stärker als wir. Für sie begann die Auseinandersetzung mit der Sinneswelt, sie schauten um sich, wachten für die Sinneswelt auf.

Daß die Gans dann mit dem Martinsbrauch zusammengebracht wurde und man allerhand Gründe dafür anzugeben suchte, mag verständlich sein. Vielleicht hat die Volksüberlieferung diesen Zusammenhang hergestellt, indem man sich dumpf des alten Symbols erinnerte und trotz der neueren Martinsverehrung die alten Bräuche nicht aufgeben wollte. Vielleicht hat auch die Kirche dafür gesorgt, daß die Gans in die Martinslegende eingeflochten wurde, um den alten Volksbrauch zu verchristlichen. Diese Frage wird wohl offenbleiben müssen.

Wenden wir uns noch einmal der Laterne, die heute zu dieser Jahreszeit eine so große Rolle spielt, zu. So wie es für eine frühere Menschheit im Herbst sinngemäß hieß: «Schaue um dich», so muß es heute heißen: «Suche das innere Licht», und: «Entzünde das innere Licht».

Daß gerade in den Gegenden, in denen das durch die Franken verbreitete römisch-katholische Christentum auch heute noch eine große Bedeutung hat, der Volksheilige Martin ein Vorreiter bei den Laternenumzügen ist, kann aus den historischen Ereignissen verständlich werden, wurde er doch als eine Art Vorreiter auf dem Weg zum wahren Licht des Christentums verstanden.

Wir haben es also beim Martini-Laternenfest im wesentlichen mit zwei Bildern zu tun: mit der Mantel-Teilung und mit der Laterne. Jeder, der mit Kindern zu tun hat, wird sich vor die Frage gestellt sehen, welches Bild er als Urbild in die Kinderseele hineinlegen möchte.

Mir ist seit der Beschäftigung mit diesem Thema immer wieder die Frage entstanden, weshalb die Mantel-Teilung des Martin eine solche Popularität erreicht hat, während die Tat des Franziskus, der nach der Legende auch einen Mantel, und zwar einen ganzen, hergab, so wenig Beachtung fand.

Franziskus gibt seinen Mantel einem Armen.
Wandgemälde von Giotto.
Basilika des Heiligen Franziskus in Assisi.

NIKOLAUSTAG

Es ist im vorigen Kapitel bereits einiges über das Nikolaus-Brauchtum angeklungen. Vieles von dem, was gebietsweise mit der Gestalt des Martin in Zusammenhang gebracht wird, geschieht andernorts zur Nikolauszeit; etwa das Auftreten lärmender Gestalten, der Ackersegen oder die Rute, deren Streich nicht Strafe, sondern Segen bedeutete. Es wird auch hier darauf ankommen, das wesentliche Bild dieses Brauches herauszuarbeiten.

Der Nikolaus, der in früheren Zeiten immer mit einer Begleitperson erschien, die je nach Region die verschiedensten Namen trug (Krampus, Pelzmärte, Rumpelklaas, Pelzebock, Hans Muff, Ruprecht – um nur einige zu nennen), erfuhr seine Ausbreitung zum Volksheiligen vor allem über die Handelsrouten der Hanse. Die Legende schildert ihn als Wohltäter, als Helfer in Zeiten der Hungersnot, als Freund der Kinder.

Eine alte Gepflogenheit in Verbindung mit dem Nikolaus, deren pädagogischen Wert man durchaus anzweifeln kann, war es, Kindern anzudrohen, sie kämen in den Sack, wenn sie nicht lieb seien. So lautete vielfach die erste Frage des Nikolaus an die Kinder: Wart ihr auch lieb? Dieser Brauch hat viele Wandlungen durchgemacht; bei der Gestalt, die zu den Kindern kam, handelte es sich vielfach gar nicht mehr um den Nikolaus, sondern um die Begleitperson.

So wurde der Nikolausbrauch von einem die moralischen Kräfte ansprechenden Ereignis zum moralisierenden Geschehen. Im Moralisieren liegt immer zugleich ein Urteilen und Bewerten. Moralische Verantwortung für sein Handeln kann der Mensch erst tragen, wenn er beginnt, das Gute und Böse zu unterscheiden. Diese Fähigkeit erwirbt das Kind erst allmählich.

Ein bedeutendes Mittel zur moralischen Erziehung der Menschen waren Märchen und Mythen, führen sie doch jede menschliche Handlung in ihren Wirkungen konsequent zu Ende. Wenn die Menschen in früherer Zeit Märchen hörten, nahmen sie moralische Impulse in bildhafter Form in sich auf. Als das Verständnis für die Gestalt des Nikolaus und seinen moralischen Impuls schwand, wurde es doch als ganz nützlich erachtet, ihn als moralisierenden Hilfserzieher einzusetzen. So wurde aus der Rute, die von der Begleitperson getragen wurde, ein Instrument, das statt eines Segensstreiches einen Strafstreich tat.

Wir können uns fragen, was es mit dem Nikolaus als moralischer Instanz auf sich hat. Er galt den Menschen als ein Himmelsbote, der Kenntnis hatte von allen Taten, die auf Erden geschahen.[30]

Es wurde in dem Kapitel über das Martini-Laternenfest bereits besprochen, daß in früheren Zeiten die Menschen gerade zur Sommerzeit die Verbindung mit dem Geistigen besonders stark empfanden und aus dieser Verbindung ihre moralischen Impulse aufnahmen. Sie empfingen also die moralischen Impulse nicht aus dem Ich im eigenen Seeleninneren, sondern von außen. In den damaligen Zeiten war das Ich des Menschen noch nicht wie heute zur individuellen Einzelkraft geworden, die Menschen empfanden ihr Ich vielmehr als in der Umgebung lebend, sie fühlten sich vereint mit den göttlich-geistigen Kräften in der Natur. Und weil gerade in der Sommerzeit die geistigen Kräfte besonders im Umkreis der Erde tätig waren, empfanden sie in dieser Zeit ihr Ich als besonders nahe und nahmen von ihm die moralischen Impulse für das übrige Leben auf.[31]

Der heutige Erwachsene nimmt seine moralischen Impulse nicht mehr von außen auf, sondern trägt den moralischen Maßstab in seinem Seeleninnern, wie auch das Ich nicht mehr außerhalb des Leibes, sondern in ihm wirksam ist.

Was die Menschheit in langen Zeiträumen an Ich-Entwicklung durchgemacht hat, wird von jedem Kind wiederholt. Solange das Kind in völliger Einheit mit seiner Umgebung lebt, solange der erste Ich-Einschlag nicht vollzogen ist, empfängt es alle Kräfte von außen, auch die moralischen Impulse nimmt es nachahmend aus der Umgebung auf. Diese Einheit mit der Welt wird erstmals aufgebrochen, wenn der Zeitpunkt des Ich-Sagens eintritt. Das Uneinswerden äußert sich in der Trotzphase. Wenn nun auch das Ich-Erlebnis im Kind erstmals als Innenerlebnis auftritt, so gilt doch weiterhin, daß sich das Kind zunächst weiterhin nachahmend an der Außenwelt orientiert. Es wird aber allmählich empfänglich für Bilder.

Ein Beispiel aus Norddeutschland mag verdeutlichen, wie noch ein zweieinhalbjähriges Kind eine Verkleidung durchschaut.

In Norddeutschland gibt es den Weihnachtsmann. Bei ihm handelt es sich eigentlich ebenfalls um eine der Begleitgestalten des Nikolaus, die hier aber an Weihnachten erscheint.

Der Vater verkleidete sich selbst, um seinen Kindern als Weihnachtsmann gehörig die Leviten zu lesen. Er kam

Heiliger Nikolaus.
Venedig, 17. Jahrhundert. Ikonenmuseum Schloß Autenried bei Günzburg.

also und schimpfte mächtig mit der ungezogenen Brut. Alle Kinder hatten großen Respekt. Nach vollzogenem Dienst entfernte sich der Weihnachtsmann wieder. Wenige Minuten später kam der Vater herein. Alle Kinder berichteten in wirrem Durcheinander von dem Weihnachtsmann, der gerade da gewesen sei und den nun unglücklicherweise der Vater nicht miterlebt habe.

Das jüngste Kind aber, etwa zweieinhalb Jahre alt, sah dem Treiben recht still zu, und als einigermaßen Ruhe eintrat, stellte es sich vor seinen Vater und sagte auf Plattdeutsch: «Vadde, wat hest du bloß so schimpt?» Dieses Beispiel mag verdeutlichen, daß das ganz kleine Kind noch so verbunden mit dem Wesenhaften der Welt ist, noch so in der Einheit lebt, daß ihm der Sinn für das Erscheinungsbild gänzlich abgeht. Es befindet sich entwicklungsmäßig in dem Stadium, in dem die Menschheit in den beschriebenen früheren Zeiten lebte, als sie für die Sinneserscheinung noch wenig Sinn hatte.

Die Fähigkeit, innere Bilder zu schaffen, erwacht beim Kind erst allmählich. Im letzten Drittel des ersten Jahrsiebts verfügt das Kind immer deutlicher über diese Bild-Kräfte, die sich dann als wachsendes Vorstellungsvermögen äußern. So entwickelt sich auch erst langsam eine Empfänglichkeit für Märchenbilder. Das Kind holt seine moralischen Impulse nun nicht mehr nur aus der Nachahmung der Erwachsenen, sondern auch aus solchen Bildern, wie sie uns im Märchen gegeben werden. Zunächst wirkt also moralbildend nur das, was das Kind nachahmend aufnimmt, dann wird es nach und nach empfänglich für Bilder. Erst im Jugendalter setzt sich der Mensch denkend und erkennend mit der Welt auseinander, um seinen moralischen Standpunkt zu finden, ihn im Innern zu erfahren.

Moralbildend können aber nur solche Bilder wirken, die in sich wahrhaftig sind, die Urbild-Charakter haben. Da heute in den alten Bräuchen vieles von dem Ursprünglichen verschüttet ist, ist es an uns, wieder neue Urbilder zu finden. Das können wir nicht, indem wir alte Traditionen einfach auffrischen, sondern nur dadurch, daß wir uns wieder öffnen für die geistigen Hintergründe, aus denen in früheren Zeiten solche Urbilder entstanden.

Der überkommene Nikolausbrauch ist heute mehr oder weniger sinnentleert. Der letzte Rest an wahrem Bild-Geschehen ist in ein Moralisieren geraten oder vom Konsumdenken verdeckt worden. Wohin kann uns aber der Überrest des moralischen Elements führen, wenn wir die Tatsachen der geistigen Welt in dieser Jahreszeit betrachten, wie sie uns von Rudolf Steiner geschildert werden? In den Vorträgen *Das Verhältnis der Sternenwelt zum Menschen und des Menschen zur Sternenwelt* führt Rudolf Steiner aus, daß der Mensch während der Sommerzeit dem Geistigen gegenüber relativ abgeschlossen ist. Ganz anders stellt sich die Beziehung jedoch zur Winterzeit dar:

«Wir auf der Erde haben uns allmählich in der neueren Zivilisation daran gewöhnt, das, was wir uns vor der Erkenntnis gestatten dürfen, philiströs-nüchtern auszudrücken, unpoetisch. Die höheren Wesen bleiben immer Dichter, und deshalb drückt man ihr Wesen niemals richtig aus, wenn man es mit physisch-nüchternen Worten schildert, sondern da muß man schon zu solchen Worten greifen, wie ich sie eben gebraucht habe: zur Weihnachtszeit öffnen sich der Erde Fenster, und die Engel und Erzengel schauen durch die Fenster, was die Menschen das ganze Jahr hindurch treiben ...

Von dem nun, was in dem Menschen lebt, ist aber so in seinem Verhalten, wie ich es jetzt geschildert habe, eigentlich das, was im Gemüte des Menschen lebt, das Wesentliche für diese höheren Wesen … Also nicht so sehr kommt zur Winterszeit vor das Antlitz der göttlich-geistigen Welten, ob wir dumm oder gescheit sind auf Erden, sondern lediglich, ob wir gute oder schlechte Menschen sind, ob wir gemütvolle Menschen oder Egoisten sind.»[32]

Betrachten wir nun auf dieser Grundlage das Auftreten des Nikolaus. Da es einheitliche Sitten nicht gibt, soll ausgegangen werden von dem Nikolaus-Brauch, wie er in unserem Kindergarten gepflegt wird.

Der Nikolaus ist eine würdige Erscheinung, er trägt eine Mitra, einen Krummstab, ein weißes Untergewand, darüber einen blauen Sternenmantel und in der Hand das goldene Buch. Sein Knecht Ruprecht, mit struppigem Haar und erdbraunem Gewand, begleitet ihn. Ruprecht hat stets eine gebeugte, also der Erde zugewandte Haltung, er ist der menschlichen Sprache nicht mächtig. Statt dessen brummelt er zuweilen in seinen Bart hinein. Um den Leib trägt er eine Kette und in der Hand eine Rute. Er schleppt für den Nikolaus die Säcke mit den Gaben für die Kinder.

In der Kleidung des Nikolaus, die durch die Mitra und den Krummstab an den Bischof Nikolaus von Myra erinnert und so an die Tradition anknüpft, dessen Sternenmantel aber darauf hinweist, daß er ein Himmelsbote aus den Sternenweiten ist, drückt sich die Würde dieser Gestalt anschaulich aus.

Der Nikolaus erzählt den Kindern von seinem Weg durch den Himmel zur Erde herab, vom Christkind, das bald zur Erde kommen will, und davon, daß für das Erdenkleid des Christkindes goldene Fäden benötigt werden. Aus dem, was an Gutem in den Menschenherzen wohnt, so erzählt er weiter, werden im Himmel goldene Fäden gesponnen, aus denen Maria das Erdenkleid für das Christkind wirken kann, damit es auf der dunklen, kalten Erde nicht frieren muß. Auf der Erde angekommen, habe er zunächst seinen Knecht Ruprecht, der mitten im Wald in einer Höhle wohne und geschlafen habe, geweckt. Beide hätten sich auf den Weg zu den Menschenkindern gemacht, um sie an die baldige Ankunft des Christkindes auf der Erde zu erinnern. Ruprecht begleitet die Worte des Nikolaus mit lebhaftem Gebrummel.

Nach seiner Erzählung öffnet der Nikolaus das goldene Buch, das im Himmel aufbewahrt wird und in das alle Taten, Worte und Gedanken der Menschen eingeschrieben sind. Er liest einiges aus diesem Buch vor, in dem selbstverständlich nur Ereignisse aus dem Leben der Kinder verzeichnet sind.

Die Grenze zwischen Moral und Moralisieren ist an dieser Stelle hauchdünn, dessen sollte sich jeder bewußt sein, der an der Gestaltung des Nikolaustages und am Inhalt des goldenen Buches mitwirkt. Es kommt darauf an, ohne moralisierende Tendenzen ganz schlicht etwas aus dem Leben der Kinder zu berichten.

Durch das Mitführen des goldenen Buches, ja überhaupt durch das Erscheinen des Nikolaus kleiden wir die Tatsache, daß um die Weihnachtszeit die geistige Welt eine besondere Aufmerksamkeit gegenüber den Menschengemütern hat, in ein Bild. Die Fenster der Erde sind für die himmlische Welt weit geöffnet.

Rudolf Steiner weist darauf hin, daß die ganze Entwicklungsgeschichte der Menschheit in einer Art geistigen Chronik eingeprägt ist, daß nichts von dem, was auf Erden geschieht, verloren geht. Er nennt dieses Weltenbuch die *Akasha-Chronik*. Das goldene Buch kann uns zum Bild dieses Weltenbuches werden.

Dieses große Bild darf nicht zerstört werden durch moralisierende Aufrechnung negativer Ereignisse. Das sei an dieser Stelle so deutlich erwähnt, weil gerade mit dem goldenen Buch arg Schindluder getrieben werden kann. Wie leicht wird durch die Worte des goldenen Buches der Nikolaus zum Hilfspädagogen gemacht, der ungelöste pädagogische Probleme mit dem erhobenen himmlischen Zeigefinger beseitigen soll.

Das entspricht nicht der geistigen Realität. Die geistige Welt straft den Menschen nicht, sie führt ihm aber die Konsequenzen seines Handelns vor Augen.

Wir wissen inzwischen nicht nur von Rudolf Steiner, sondern auch aus vielen Berichten von Menschen, die einen todesähnlichen Zustand durchmachten, daß der Mensch nach dem Tode zunächst sein ganzes Leben als ein großes lebendiges Panorama überschaut. So sollte auch der Inhalt des goldenen Buches nichts anderes als ein rückblickendes Anschauen sein, dem, sofern es sich um weniger schöne Ereignisse handelt, vielleicht eine gütige Ermutigung des Nikolaus folgen kann, es ein nächstes Mal besser zu machen.

Das eigentlich Wirksame dieses Bildes liegt aber darin, daß die Kinder erleben, daß kein menschliches Werk, keine menschliche Regung verloren geht, sondern alles getreulich bewahrt wird.

Der Nikolaus steht als urväterliche Gestalt vor den Kindern, vom Himmel herabgesandt, um sie auf die Geburt des Christkindes vorzubereiten. Derjenige, der die Aufgabe übernimmt, als Sankt Nikolaus zu erscheinen, muß sich dieser Würde, dieser Aufgabe voll bewußt sein. Es kann selbstverständlich bei Kindern auch einmal die Frage auftauchen, ob das denn wirklich der echte Nikolaus sei. Zumeist lösen sich solche Fragen von allein, wenn man als

Erwachsener ein wenig abwartet, welche Antwort das Kind selbst findet. Ist man aber zu einer Antwort genötigt, so kann man antworten, daß der Nikolaus, der ja im Himmel wohnt, wo man kein Erdenkleid braucht, sich für seine Reise auf die Erde von einem Menschen die Gestalt und die Stimme ausleiht.

Ruprecht, der nicht aus dem Himmel, sondern aus dem tiefsten Wald kommt und im Innern der Erde in einer Höhle wohnt, wirkt neben dem Nikolaus wie eine Art Gegenbild. Wenn er sich bewegt, rasselt die Kette, die er um den Leib trägt. Drohgebärden, wie es in manchen Volksbräuchen üblich ist, macht er bei uns nicht. Er erscheint als der Diener des Nikolaus, dem er vollkommen untertan ist.

Haben wir im Bilde des Nikolaus einen Boten der göttlich-geistigen Welt vor uns, so sehen wir in Ruprecht eine Gestalt, die alle Attribute eines der Erde zugehörigen Wesens trägt. Die gebeugte Haltung, die Kette um den Leib, der Wohnsitz in einer Höhle weisen auf dieses Erdenwesenhafte hin.

So wird die Erscheinung dieser beiden Gestalten und ihr Verhältnis zueinander zu einem Wahrbild des Menschenwesens und seiner Entwicklung. Sind wir Menschen nicht zugleich Himmels- und Erdenwesen? Ist es nicht ein Wahrbild der Menschheitsentwicklung, wenn das Erdenhafte zum Diener des Himmelswesens wird?

Der Besuch des Nikolaus wiederum dient der Vorbereitung der Christgeburt, sein Erscheinen steht also nicht für sich im Jahreslauf. Wenn das Weltenlicht sich mit der Erde verbindet und so zum Erdenkind wird, dann beginnt die Erlösung der Erde selber. Mit der Christgeburt erscheint die vermittelnde Kraft zwischen Himmel und Erde, die es vermag, den Ruprecht als Repräsentanten der Erdenkräfte zu erlösen.

Es wurde hier eine Möglichkeit geschildert, den Nikolaus mit seiner Begleitperson so erscheinen zu lassen, daß ein Wahrbild entsteht. Wir werden in Zukunft immer mehr zu eigenen Festeseinrichtungen kommen müssen, denn aus der Tradition allein erhalten wir die Wahrbilder heute nicht mehr. Ob der Nikolaus nun leibhaftig vor den Kindern erscheint oder ob er unbemerkt bei Nacht seine Gaben zu den Kindern bringt, ändert nichts daran, daß wir uns ein Verhältnis zu dieser Gestalt erst wieder erwerben müssen. Auch wenn er «nur» des Nachts Schuhe oder Strümpfe füllt – die Kinder erwarten von den Erwachsenen mit Recht, daß sie über diese Gestalt etwas zu erzählen wissen.

In den Überlieferungen des Nikolausbrauches schwingt etwas mit, was uns erinnern kann an jene Märchen, in denen es heißt: Als Gott-Vater noch auf Erden wandelte … Da man sich vielfach vorstellte, daß der Nikolaus durch die Lüfte kommt und seine Gaben durch den Schornstein wirft, mag man sich an die germanisch-mythische Gestalt erinnern, die im Luftelement ihre Heimat hat – an Odin. Eine Schilderung des Odin, wie er im goldenen Zeitalter, in dem Himmel und Erde noch verbunden waren, von den Völkern erlebt wurde, sei hier wiedergegeben:

«Seinen göttlich hohen und starken Leib umwallt ein blauer, faltiger Mantel, der mit goldnen Sternbildern übersät ist. Furchtbar erhaben erscheint sein runendurchfurchtes Antlitz, in dem das große Sonnenauge bald mit alldurchdringender Glut und Schärfe funkelt und drohend wetterleuchtet, bald in väterlicher Milde und beseligender Güte und Freundlichkeit lächelt; ein langer weißer Bart wallt ihm gleich einer Wolke von Schneeflocken tief auf die breite Brust herab und verleiht dem geistausstrahlenden, erhabenen Götterantlitz die ehrfurchtgebietende

Würde des an Erfahrung, Weisheit und tiefer Erkenntnis reichen Alters.»[33]

Hier schildert uns die germanische Mythologie in der Gestalt des Odin die urväterliche Schöpfergottheit. Solange der Mensch in der Obhut der Götter aufwuchs, von ihnen geleitet und geführt wurde, also noch nicht in die Freiheit entlassen war, sprechen wir vom goldenen Zeitalter. In dieser Einheit mit der göttlich-geistigen Welt leben wir heute nur noch während unserer frühen Kindheit. Im Nikolausbrauch leuchtet wie aus urferner Vergangenheit ein Stückchen dieses goldenen Zeitalters auf.

Es ist aber notwendig, daß diese urväterliche Gestalt auf das Weihnachtsgeschehen hinweist, denn aus dem goldenen Zeitalter wachsen wir mit der Kindheit heraus. Der neue Weg zu einer Verbindung mit der geistigen Welt kann nur dadurch beschritten werden, daß sich der erwachsene Mensch mit dem Christus verbindet. Ohne diesen Ausblick verharren wir mit dem Nikolausbrauch in vergangenen Epochen, gewissermaßen in der «guten alten Zeit».

Als Wegbereitung für das Christkind aber, wie sie oben beschrieben wurde, verknüpfen wir dieses Brauchtum mit dem, was für die Zukunft der Menschheit von entscheidender Bedeutung sein wird.

ADVENT

Die Adventszeit

Der Weg von Michaeli bis Weihnachten ist ein Weg vom äußeren zum inneren Licht; beginnend mit den Sternschnuppen, die wie kosmische Funken in die Erdensphäre hineinschießen, weiter über das Licht der Laterne, das noch draußen leuchtet, aber bereits in einem Innenraum, nämlich der Umhüllung, brennt, bis hin zu dem hellerleuchteten Christbaum.

Das letzte Stück dieses Weges gehen wir in den Wochen vor dem Weihnachtstag, in der Adventszeit.[34]

Die Natur hat sich zurückgezogen und bietet den menschlichen Sinnen geradezu eine Zeit des Ausruhens an. Im Innehalten, im Stillewerden kann die menschliche Seele sich öffnen für Eindrücke, die außerhalb unserer Sinneserfahrungen liegen.

Geht man zu dieser Jahreszeit in die Natur, wird man bemerken, wie still es dort geworden ist. Viele Tiere liegen im Winterschlaf, die Pflanzensäfte haben sich zurückgezogen. Wenn dann Schnee fällt und sich über die Erde breitet, wird das Schweigen der äußeren Natur noch deutlicher. Doch unter der Schneedecke bereitet sich schon wieder das Leben vor, das im kommenden Frühjahr neu ersprießen will. Der äußere Schlaf verbirgt eine innere Regsamkeit.

Wir Menschen hingegen kommen allzuoft auch während der Wintermonate nicht zu dieser äußeren Ruhe, die für eine innere Regsamkeit vonnöten ist.[35]

Jeder wird wissen, wie unendlich schwer es ist, wenige Augenblicke des Tages zu finden, in denen man sich von der fiebrigen Hast befreien kann. Aber nur in solchen Augenblicken finden wir einen Zugang zum Wesentlichen, zu dem Ewigen in uns.

Früher schauten die Menschen dieses Ewige, um das sich alles bewegt und von dem alles Leben ausgeht, in der Sonne. Das Licht der Sonne und seine Wandelbarkeit in den Jahreszeiten bestimmte die Festeszeiten der Menschen. Dieses geistige Verhältnis zur Sonne haben wir längst verloren.

Nach dem Osterspaziergang spricht Faust in seinem Studierzimmer folgende Worte:

> Ach, wenn in unsrer engen Zelle
> Die Lampe freundlich wieder brennt,
> Dann wird's in unserm Busen helle,
> Im Herzen, das sich selber kennt.
> Vernunft fängt wieder an zu sprechen,
> Und Hoffnung wieder an zu blühn,
> Man sehnt sich nach des Lebens Bächen,
> Ach! nach des Lebens Quelle hin.[36]

Dieses Bild der engen Zelle, das zum einen die Studierstube meint, doch recht doppelsinnig auch auf das Innere des Menschen zu beziehen ist, paßt zu der Verfassung des modernen Menschen. Wenn in uns selbst ein Licht «freundlich wieder brennt, dann wird's in unserm Busen helle». Die Sehnsucht nach «des Lebens Quelle» entsteht durch die Einkehr bei sich selbst.

Die Voraussetzung dafür ist zunächst einmal, daß man

Momente der Ruhe sucht, in denen man selbst bestimmt, welche Inhalte man in sich hereinläßt. Wir Erwachsenen können diese Augenblicke der erfüllten Ruhe nur in strenger Selbstdisziplin erreichen. Den Kindern hingegen können wir diesen Weg nach innen, die Einkehr bei sich selbst, in Bildern erlebbar machen. Das Bild erhält aber seinen Wert erst durch die innere Kraft, die dahinter steht. Um diese Kraft können sich nur erwachsene Menschen bemühen. Wir sollten, wenn wir die Feste für die Kinder gestalten und dabei Bilder sprechen lassen, niemals vergessen, daß jedes Kind bis etwa zum neunten Lebensjahr noch in der Nachahmung lebt. Deshalb ist nicht nur das Bild, das man ja gerade an Kinder bis zu dieser Altersstufe heranbringen wird, von großer Bedeutung, sondern vor allem die Haltung, mit der der Erwachsene zu diesem Bild steht.

Der Adventskranz

Zwei solcher adventlicher Bräuche, die sich in Bildern aussprechen, sollen hier betrachtet werden: der Adventskranz, bei dem die allmähliche Steigerung der angezündeten Lichter den Weg-Charakter der Adventszeit andeutet, und das Adventsgärtlein, in dem auf ganz andere Weise der Weg nach innen im Bilde sichtbar wird.

Der heute weitverbreitete *Adventskranz* aus Tannenreis ist in dieser Form noch nicht sehr alt, er geht zurück auf den Begründer des Rauhen Hauses, Johann Heinrich Wichern. Den Kreis mit den Lichtern finden wir aber auch in anderen Bräuchen, zum Beispiel im Lucia-Brauchtum. Betrachten wir zunächst den Kranz oder den Kreis. Beim Kreis entsteht ein Innen- und ein Außenraum. In Kinderzeichnungen finden wir den geschlossenen Kreis erst, wenn das Kind sich soweit entwickelt hat, daß es sich anfänglich als ein Ich empfindet und sich gegenüber der Außenwelt absetzt. Mit dieser Entwicklungsphase beginnt nicht nur, wie im Kapitel über den Nikolaus erwähnt, die Trotzphase, sondern auch das Fragealter. Gerade die ersten Kinderfragen sind oftmals tiefe Erkenntnisfragen nach dem Sinn der Welt und des eigenen Daseins.

Wir Menschen lernen schon als Kinder, unser eigenes Sein zu hinterfragen: «Ich frage *mich* ...», so lautet oft der Beginn einer Frage. In dieser an uns selbst gerichteten Frage schließt sich ein Kreis. Es gibt ein altes Mysterienbild: die Schlange, die sich selbst in den Schwanz beißt. In diesem Bild liegt ein Geheimnis der Menschheitsentwicklung, das Geheimnis der Selbsterkenntnis, das zugleich das Geheimnis des Kreises ist. Indem wir als Fragende in der Welt stehen, sind wir zugleich auch Suchende, spüren wir den Weltzusammenhängen nach. Im Grunde hat jedes Fest die Aufgabe, den Menschen mit der Welt zu verbinden, und so finden wir fast immer das Bild des Kranzes. Da insbesondere das Weihnachtsfest, zu dessen Vorbereitung die Adventszeit dient, ein Fest des Lichtes ist, ist es sinnvoll und angemessen, hier den Kranz zu verbinden mit dem Licht und in der allmählichen Steigerung des Lichtes den Weg zur Weihnachtszeit hin anzudeuten. Das Licht der Kerzen wird zum Bild des Lichtes, das wir zu Weihnachten erwarten.

Das Adventsgärtlein

Eine weitaus weniger verbreitete Sitte als der Adventskranz ist das sogenannte *Adventsgärtlein.* Während dieser Brauch als herkömmliche Festeinrichtung fast unbekannt ist, fand er in anthroposophisch-pädagogischen Einrichtungen und innerhalb der Christengemeinschaft weite Verbreitung. Das Adventsgärtlein läßt sich nur in größeren Kindergemeinschaften feiern.

Aus Tannenreis und Moos wird auf dem Boden eine Spirale gelegt; im Innern der Spirale leuchtet ein Licht.

Die Kinder kommen in den Raum, in dem nur das Licht in der Mitte brennt. Sie setzen sich um die Spirale herum. Am Beginn der Spirale kann ein gebundener Bogen aus Tannenreis ein Tor darstellen, durch das man in die Spirale hineinschreiten kann. Jedes Kind erhält, bevor es seinen Weg in die Spirale antreten darf, eine auf einen Apfel gesteckte Kerze. Dann beginnt sein Weg in die Spirale, um dort das eigene Licht am Licht, das in der Mitte leuchtet, anzuzünden. Das brennende Apfellicht wird dann auf die Spirale gestellt, so daß am Ende die ganze Spirale hellerleuchtet ist. Das Begehen des Weges wird von Leierspiel begleitet.

Das Adventsgärtlein steht am Beginn der Adventszeit. Seine eigentliche Herkunft ist unbekannt. Zum ersten Mal berichteten davon Menschen, die innerhalb der heilpädagogischen Einrichtung «Sonnenhof» bei Arlesheim tätig waren.[37] Dorthin wurde es von einer Schwester gebracht, die aus der Münchner Gegend stammte. Weiter ist diese Gepflogenheit nicht zu verfolgen, denn als Volksbrauch ist sie nicht bekannt.

Während wir im Kreis das Bild vom Außen- und Innenraum haben, führt bei der Spirale ein Weg von außen nach innen. Im innersten Kern der Spirale findet das Kind das Licht, an dem es seine Kerze anzünden darf. Indem jedes Kind sein Licht auf die Spirale stellt, wird allmählich der ganze Raum erleuchtet. Wir können klar zwei Pole erkennen: Zum einen muß jedes Kind den Weg nach innen suchen (wobei insbesondere die kleineren Kinder zuwei len der Hilfe des Erwachsenen als Wegbegleiter bedürfen). Im Innern der Spirale findet es das Licht. In diesem Bild finden wir den adventlichen Weg nach innen wieder.

So wie wir in Kinderzeichnungen die Spirale und den Kreis als ein Stadium auf dem Weg der Individualisierung des Menschen erkennen, so können wir auch bei diesem Weg nach innen von einem Individualisierungs-Weg sprechen.

Zum anderen fügt jedes Kind sein Licht in die Gemeinschaft der anderen Lichter hinein, es stellt sein Licht der Gruppe zur Verfügung. In dieser Geste kommt ein Sozialisierungsbild zum Ausdruck. Es drückt sich wiederum Menschheitsentwicklung in diesem Bild aus. Zunächst gehen wir den Weg in die Individualität, um dann unsere ureigenen Kräfte der Gemeinschaft zur Verfügung zu stellen.

Man kann sehr viel vom Wesen eines Kindes erkennen, wenn man seinen Weg in das Adventsgärtlein hinein und wieder heraus verfolgt. Es ist, als würde einem von jedem Kind bereits etwas von dem entgegenleuchten, wie es seinen Lebensweg, den Weg zu Individualität und Gemeinschaft, gehen wird.[38]

Noch weiteren Attributen des Adventsgärtleins lohnt es sich nachzugehen.

Schon beim Adventskranz finden wir das frische Grün, auf welches Lichter gesteckt werden. Im Tannengrün dürfen wir wohl ein Bild für die lebentragenden Kräfte sehen. Darauf soll im Zusammenhang mit dem Tannenbaum noch eingegangen werden.

Dieses frische Grün finden wir auch beim Adventsgärtlein. Besonders interessant ist aber das Licht, das auf den Apfel gesteckt wird. Schauen wir zuerst auf das Licht:

Wenn wir eine Kerze anzünden, entstehen Licht und Wärme, indem die Flamme Materie verzehrt. Wärme und Licht haben aber nicht nur einen natürlichen, sondern auch einen seelischen Aspekt. Wir sprechen davon, daß ein Mensch «Wärme» ausstrahlt, daß er «hitzig» oder zum Beispiel ein «glühender» Verfechter dieser oder jener Ideen ist; wir «entflammen» für eine Idee. Es gibt andere sprachliche Ausdrücke, in denen von «zündenden» Ideen die Rede ist, davon, daß einem ein «Licht» aufgegangen ist oder daß man eine «Erleuchtung» hat.

Wenn wir an das Element der Wärme im seelischen Bereich denken, meinen wir eigentlich Herzenskräfte; wenn wir von Erleuchtung oder von Geistesblitzen reden, denken wir eher an gedankliche Qualitäten. Dort, wo unsere Gedanken ihre physische Grundlage haben, geht uns ein «Licht» nur auf, wenn Materie zerstört wird. Ständig müssen Gehirnzellen absterben, damit wir Gedanken hervorbringen können. So wie durch die Flamme Materie verzehrt wird, um Licht und Wärme hervorzubringen, verzehren sich unsere Gehirnzellen, damit Gedanken entstehen können. Hier läßt sich die Verwandtschaft zwischen Licht und Gedanken, die im Sprachgebrauch so oft unbewußt hergestellt wird, entdecken.[39]

Auch die Geste der Flamme, die immer nach oben hin züngelt, ist bemerkenswert. Dieses Streben nach oben gehört zu dem wesentlichen Erscheinungsbild der Flamme. Sie kann uns durch diese nach oben gerichtete Geste zum Bild jener Erkenntnis werden, die sich ständig bemüht, sich aus den Fesseln der Erdenschwere zu lösen.

Betrachten wir nun den Apfel, auf den die Kerze gesteckt wird. Dem Apfel begegnen wir gleich am Beginn der biblischen Erzählung von der Menschwerdung: Die

Schlange verführt Eva dazu, einen «Apfel» vom Baum der Erkenntnis zu essen. Diese Tat hat zur Folge, daß der Mensch aus dem Paradies vertrieben wird.

Auch in Märchen begegnen wir dem Apfel, man denke an *Sneewittchen* oder das *Erdmänneken* der Brüder Grimm. In beiden Märchen regt der Apfel in den Königstöchtern ein Gelüst an. Sneewittchen, so heißt es, «lusterte den schonen Apfel an», und im *Erdmänneken* wird erzählt: «Da gelustede den jungesten Künigskinne gewaldig.» Sneewittchen fällt nach dem Biß in den Apfel tot nieder. Im *Erdmänneken* versinken, nachdem sie in den verbotenen Apfel gebissen haben, die drei Königstöchter 100 Klafter tief in die Erde und müssen dort Drachenwesen dienen.

Als Folge des Bisses in den Apfel schildert uns die Bibel die Vertreibung des Menschen aus dem Paradies. Bevor der Mensch vom Baum der Erkenntnis gegessen hatte, durfte er durchaus vom Baum des Lebens essen. Es war ihm nur verboten, vom Baum der Erkenntnis zu essen. In der Bibel heißt es: «Und Gott der Herr gebot dem Menschen und sprach: Du sollst essen von allerlei Bäumen im Garten; aber von dem Baum der Erkenntnis des Guten und Bösen sollst du nicht essen; denn welches Tages du davon issest, wirst du des Todes sterben» (1. Mose 2, 16 f.).

Erst in dem Moment, da der Mensch vom Baum der Erkenntnis gegessen hat, ist ihm das Essen vom Baum des Lebens verwehrt. Es beginnt der Erdenweg des Menschen, der einhergeht mit dem Auftreten des Todes, durch den der Mensch aber auch zu seinem individuellen Ich findet. Diesen Gewinn schildert uns die Bibel in den wenigen Worten: «Und Gott der Herr sprach: Siehe, der Mensch ist geworden wie unsereiner und weiß, was gut und böse ist» (1. Mose 3, 22).

Auch die beiden Märchen schildern uns als Folge des Bisses in den Apfel den Tod beziehungsweise die Verbindung mit der Erde und den in ihr hausenden Drachenwesen. Es beginnt die Auseinandersetzung zwischen dem Guten und dem Bösen; der Ort der Auseinandersetzung ist der Mensch. Nehmen wir den Apfel als Bild jener Erkenntniskräfte, die uns zu Erdenmenschen machten, und fügen wir das Bild des Lichtes hinzu, wie es bereits geschildert wurde, also die lebendige, Licht und Wärme spendende Flamme, so entsteht vor uns ein neues Bild: Der Apfel, Symbol der irdischen Erkenntniskräfte, wird zum Träger des Lichtes, in dem wir jene Erkenntniskräfte gesehen haben, die sich aus der irdischen Sphäre hinauszuringen versuchen, die von der Naturerkenntnis zur Geist-Erkenntnis aufsteigen wollen.

Die Wahrbilder, die wir in so vielen Festbräuchen finden können, stammen zumeist aus Zeiten, in denen Bilder der Menschheit allgemein, also nicht nur den Kindern, Seelennahrung waren. Jede Festeszeit früherer Geschlechter war eine Zeit der Erinnerung an die Bestimmung des Menschen, seinen Weg aus dem Paradies hinunter auf die Erde und zurück in die geistige Welt zu gehen.

Ob das Adventsgärtlein seinem Ursprung nach alt oder jung ist, ist nicht mehr mit Gewißheit zu sagen. Auf jeden Fall birgt es aber eine Fülle von Bildern, in denen Wahrheiten verborgen sind, die wir uns bewußt machen können, um diese Bräuche mit den Kindern nicht nur aus Tradition, sondern aus Einsicht zu pflegen.

WEIHNACHTEN – EPIPHANIAS

Einführung

Am Ende der Adventszeit steht das christliche Fest, das wohl am meisten die menschlichen Herzen anspricht und die Menschen zugleich, mehr als jedes andere Fest, dazu verführt, aus ihm eine gedankenlose Familienfeier zu machen.

Wir entfernen uns zur Zeit mit Riesenschritten von dem eigentlichen Sinn des Weihnachtsfestes. Dabei liegt sogar in dem Beschenken und Beschenktwerden ein Urbild dessen, was mit dem Weihnachtsgeschehen in unsere Welt hineinkam, denn nichts anderes als ein Göttergeschenk ist das Herabsteigen des Geisteskindes vom Himmel zur Erde herab. Dieses Geschenk ist aber als ein Opfer zu sehen und nicht zu vergleichen mit der Art von Geschenken, die heute ausgetauscht werden.

Das Besondere am Weihnachtsfest ist es, daß ein historisches Ereignis, nämlich die Geburt des Weltenlichtes im Erdenschoß, zugleich Urbild für die Menschheitsentwicklung ist. «Wird Christus tausendmal zu Bethlehem geboren / Und nicht in dir, du bleibst doch ewiglich verloren», so drückt es Angelus Silesius aus.[40]

Im Jahreslauf können wir diesen Weg zur Geburt des Lichtes in uns immer wieder gehen. Der Impuls geht aus vom Michaelsfest, von dem, was wir wie eine Verheißung in der Sternschnuppe erblicken können. Zur Weihnachtszeit erfüllt sich diese Verheißung.

Nun ist insbesondere die Weihnachtszeit unendlich reich an Bildern. Wir wollen uns diesen Bildern Schritt um Schritt nähern.

Bei der Betrachtung des Adventsgärtleins wurde bereits die Paradies-Geschichte eingefügt. Mit der Vertreibung aus dem Paradies begann der Erdenweg der Menschheit. Aus dem Alten Testament und anderen Überlieferungen wissen wir, daß die Menschheit immer den Messias, den Heiland erwartete, der die Menschen aus dieser Erdenbindung, in die sie durch den Sündenfall hineingeraten waren, wieder erlösen sollte.

Die Menschen früherer Zeiten haben ihr Erleben der Welt in die Bilder der Mythen gekleidet. Im Kapitel über die Michaelszeit wurde bereits erwähnt, wie in der griechischen Welt das Verhältnis des Menschen zum Reich des Todes als bedrückend und hoffnungslos empfunden wurde.

Betrachten wir Schilderungen der Unterwelt, wie die Griechen sie erlebten, so wird das verständlich. Sie empfanden die Welt der Toten als das Reich der Finsternis, als eine düstere Schattenwelt, der niemand je wieder entfliehen konnte, denn der Höllenhund Kerberos bewachte den Eingang. Dieser Höllenhund wird uns in der Sage als ein Drachenwesen geschildert. Herakles, der Göttersohn, nimmt mit ihm den Kampf auf und überwindet ihn. Während Herakles diesen Kampf dank seiner übermenschlichen Kräfte besteht, überwindet Orpheus den Kerberos durch seine Musik. Wir können uns erinnert fühlen an die beiden Michaelslegenden, in denen uns Michael einmal als Drachenkämpfer, einmal als Harfenspieler begegnet.

In der Zeit der römischen Herrschaft ereignet sich die

Christgeburt. Wir greifen zwar ein wenig vor, aber es sei schon hier erwähnt, daß die Mission des Christus mit dem Erleiden des Todes, des «Niederfahrens zur Hölle» und der Überwindung des Todes seine eigentliche Bestimmung erreichte. Auf einigen Verkündigungsdarstellungen sehen wir das Kind mit dem Kreuz auf der Schulter zur Erde herabschweben.

Historisch gesehen fiel also die Christus-Tat in eine Zeit hinein, in der die Menschheit sich den Kräften des Todes, wie sie uns in der griechischen Sagenwelt geschildert werden, ausgeliefert fühlte.

Die Geburtsdarstellungen bei Lukas und Matthäus

Wenn wir die Evangelienschilderungen über die Christ-Geburt anschauen, so entstehen eigentlich drei verschiedene Bilder vor uns.

Alle vier Evangelien schildern uns den Vorgang der Taufe und berichten vom Herabschweben des göttlichen Geistes in Gestalt einer Taube. Erst nach der Jordan-Taufe beginnt das Wirken des Christus.

Von der Kindheit Jesu berichten uns nur zwei Evangelien, das Matthäus- und das Lukas-Evangelium. Johannes deutet zwar in den Worten «das Wort ward Fleisch» eine leibliche Inkarnation eines göttlichen Wesens an, aber das geschieht nicht in Verbindung mit einer Geburtsschilderung. Betrachten wir zunächst die beiden Geburtsdarstellungen im Matthäus- und im Lukas-Evangelium.

Matthäus beginnt seinen Bericht mit dem Stammbaum Jesu, der über Salomo bis zurück zu Abraham führt. Die Verkündigung der Geburt durch den Engel an Joseph wird geschildert, und in wenigen Worten erfahren wir von der Geburt des Kindes. Das nächste Kapitel berichtet von den Weisen aus dem Morgenland, die dem Stern gefolgt sind und zunächst bei Herodes einkehren. Der Stern führt sie schließlich zu einem Haus, in dem sie das Kind finden, dessen Geburt ihnen durch die Erscheinung des Sternes angesagt worden war. Sie beten das Kind an und bringen ihm Gold, Weihrauch und Myrrhe als Geschenke dar. Nachdem sie, ohne Herodes anzuzeigen, wo sie das Kind gefunden haben, wieder in ihr Land gezogen sind, erscheint der Engel abermals dem Joseph und fordert ihn zur Flucht nach Ägypten auf. Die Flucht und der Aufenthalt in Ägypten werden dann in wenigen Sätzen geschildert. Matthäus berichtet weiter vom Kindermord des Herodes und schließlich von der Rückkehr aus Ägypten. Hier wird im Matthäus-Evangelium nun zum ersten Mal von der Stadt Nazareth gesprochen. Eigentlich will die Familie wieder nach Judäa in die Stadt Bethlehem, wo auch die Geburt des Kindes stattfand. Doch sie gehen nach Nazareth, das in Galiläa liegt, weil Joseph im Traum den Befehl erhielt, nach Nazareth zu ziehen. Matthäus erwähnt Nazareth vorher überhaupt nicht.

Ganz anders nun die Geburtsschilderung im Lukas-Evangelium. Lukas erzählt zuerst von der Verkündigung der Geburt des Johannes, dann von der Verkündigung des Engels an Maria. Es wird uns berichtet von der Begegnung zwischen Maria und Elisabeth, von der Geburt des Johannes, und erst im 2. Kapitel beginnt die als eigentliche Weihnachtsgeschichte bekannte Schilderung der Geburt Jesu. Maria und Joseph machen sich auf den Weg von Nazareth nach Bethlehem. Dort, in der Stadt, in der sie keine Herberge fanden, wird das Kind in einem Stall geboren und muß in eine Krippe gelegt werden.

Anbetung der Könige. Meister Francke.
Englandfahrer-Altar, Hamburg.

Im Lukas-Evangelium sind es Hirten, die zur Anbetung des Kindes kommen. Sie erfahren von der Christgeburt durch die himmlischen Heerscharen. Ein Stern wird nicht erwähnt.

Erst nach der Jordan-Taufe berichtet Lukas vom Stammbaum Jesu. Aber dieser Stammbaum gleicht nicht dem des Matthäus-Evangeliums. Der Stammbaum im Lukas-Evangelium weist eine ganz andere Namenreihe aus als der Stammbaum des Matthäus-Evangeliums. Dieser geht zurück auf Salomo, jener auf Nathan. Erst mit David, dem direkten Vorfahren Nathans und Salomos, finden wir wieder denselben Namen. Während Matthäus Abraham, den Urvater, als erstes Glied des Stammbaumes erwähnt, führt uns Lukas zurück bis Adam und fügt hinzu: «Der war Gottes». Lukas weist also durch den Stammbaum auf eine göttliche Herkunft des Jesuskindes hin.

Führt man sich diese eklatanten Unterschiede der beiden Geburts-Evangelien vor Augen, so lassen die Widersprüche eigentlich nur zwei Schlüsse zu: Entweder irrt einer der beiden Evangelisten, oder Lukas erzählt uns von einem anderen Kind als Matthäus.

Wir rühren damit an eines der großen Geheimnisse der Bibel, ja der christlichen Entwicklung überhaupt und können Klarheit nur dadurch erhalten, daß wir auf geisteswissenschaftlich erworbene Erkenntnisse Rudolf Steiners zurückgreifen.

In seinen Vorträgen über das Lukas- und das Matthäus-Evangelium in den Jahren 1909 und 1910 spricht Rudolf Steiner von der Existenz *zweier* Jesusknaben.

Emil Bock befaßt sich in dem Buch *Kindheit und Jugend Jesu*[41] sehr ausführlich mit der Frage der beiden Jesusknaben und weist auch auf weitere Quellen hin, aus denen das frühere Wissen um die Existenz zweier Jesusknaben

Anbetung des Kindes. Meister Francke.
Englandfahrer-Altar, Hamburg.

abgeleitet werden kann. Bock erwähnt in seinem bereits 1939 erschienenen Buch die erst Mitte dieses Jahrhunderts gefundenen Qumrantexte noch nicht. Diese Schriften, die ihren Namen nach dem Fundort «Wadi Qumran», einem Trockenflußtal im Nordwesten des Toten Meeres, erhielten, zeugen von einer doppelten Messiaserwartung.[42]

Erstaunliche Belege aus dem Bereich der Kunst finden sich in dem Buch von Hella Krause-Zimmer *Die zwei Jesusknaben in der bildenden Kunst.*[43]

Die Ausführungen Rudolf Steiners zur Existenz zweier Jesusknaben sollen im folgenden in ihren wesentlichen Zügen dargestellt werden.

Wir müssen uns zunächst vor Augen halten, wie einmalig die Inkarnation eines göttlichen Geistes auf der Erde ist. Man möchte sich das Geschehen gerne gerade so vorstellen wie bei jedem anderen Kind auf Erden. Doch Rudolf Steiner weist unmißverständlich darauf hin, daß eine göttliche Inkarnation weitreichender Vorbereitungen der Weltenlenkung bedurfte. Es war nötig, einen menschlichen Leib, der zunächst aus einer Vererbungslinie kommen mußte, so vorzubereiten, daß er in der Lage sein würde, Träger des göttlichen Geistes zu werden.

Es wurde bereits eingangs erwähnt, daß die eigentliche Inkarnation des Christus-Geistes erst mit der Jordan-Taufe vollzogen wurde. Bei der Taufe senkte sich der göttliche Geist in den Leib des Jesus von Nazareth hinein, um von nun an auf der Erde zu wirken.

Wenn wir vertraut sind mit dem Gedanken, daß jede menschliche Individualität am Beginn des Lebens sich mit einem vererbten Leib verbindet, mögen uns die folgenden Ausführungen nicht unverständlich erscheinen. Bei der Geburt eines göttlichen Wesens sind andere Maßstäbe anzulegen.

Damit ein Leib gebildet werden konnte, der die Kraft haben würde, Träger des Christus zu werden, mußten sich zwei Strömungen der Menschheitsentwicklung vereinen, die uns auch in den beiden Evangelien begegnen: die Strömung des reinen, durchlichteten Herzens, wie es uns aus dem Lukas-Evangelium entgegenstrahlt, und die Strömung der tiefsten menschlichen Weisheit, die im Matthäus-Evangelium aufleuchtet.

Wer aber konnte die Reinheit und vollkommenste Unschuld des Herzens auf die Erde bringen? Das konnte nur eine Seele, die zuvor noch nie der Verführung des Bösen ausgesetzt war. Jede Seele, die schon einmal eine Erdeninkarnation durchgemacht hatte, war vom Bösen berührt worden. So war es nötig, daß eine Seele sich herabbegab, die nie zuvor die Erde betreten hatte. Rudolf Steiner schildert es so, daß die göttliche Weltenlenkung eine Seele in der geistigen Welt zurückbehalten hatte, um sie rein zu erhalten vom Einfluß des Bösen. Diese Seele, die das Böse nicht kannte, inkarnierte sich in dem Jesusknaben, den uns das Lukas-Evangelium schildert. Er wird der lukanische oder, weil sein Stammbaum auf Nathan zurückgeht, der nathanische Jesusknabe genannt. Daß uns gerade das Lukas-Evangelium in heutiger Zeit zu *dem* Weihnachts-Evangelium wurde, hängt wohl damit zusammen, daß uns hier wahrhaftig das geschildert wird, wonach jede Menschenseele sich sehnt: die paradiesische Unschuld, die Kindheitskraft der Menschheit.

Es bedurfte eines besonderen Leibes, also einer besonderen Vererbungslinie, um diese Seele aufnehmen zu können. Diese Voraussetzungen waren in dem lukanischen Elternpaar, das in Nazareth lebte, gegeben.

Nun wissen wir aus der pädagogischen Menschenkunde Rudolf Steiners, daß jeder menschliche Leib zunächst außerordentlich bildsam ist und in den ersten Entwicklungsjahren des Kindes von der geistigen Individualität des Menschen geprägt wird. Der Leib des nathanischen Jesusknaben wurde zunächst geprägt von der Seele, die in sich die paradiesischen Unschuldskräfte und die größte Liebefähigkeit vereinte. So wuchs ein Kind heran, das durch die Unschulds- und Liebekräfte seines Herzens in wunderbarer Weise auf seine Umgebung wirkte.

Ganz andere leibliche Voraussetzungen brauchte die Individualität, die die höchsten Weisheitsgüter der Menschheit in vielen Erdenleben in sich aufgenommen hatte. Diese Voraussetzungen der Vererbungskräfte konnte das in Bethlehem lebende Elternpaar des im Matthäus-Evangelium geschilderten Jesusknaben erfüllen. Es entstammte der salomonischen Linie des Hauses David. Nun bedarf ein Ich, das sich in wiederholten Erdenleben zu höchster menschlicher Weisheitskraft entwickelt hat, nicht nur eines anderen Leibes, um sich entfalten zu können, es wirkt auch in anderer Weise auf den Leib als eine Seele, in der paradiesische Kräfte walten.

Wir können diese beiden Strömungen, von denen die Rede war, auch in der Menschheit allgemein und in den Kindern insbesondere verfolgen. Wer mit Kindern zu tun hat, weiß, daß es zum einen Kinder gibt, die ganz starke soziale Fähigkeiten mitbringen, zumeist sehr beliebt sind und von denen stets etwas Strahlendes und Verbindendes ausgeht. Zum anderen kennen wir solche Kinder, die mehr in sich zurückgezogen leben, oft sehr wach, aufmerksam und wissensdurstig sind. Man hat zuweilen die Tendenz, letztere als frühentwickelt und unkindlich zu bezeichnen. Das sind sie natürlich auch in gewisser Hinsicht. Aber es gibt eben ganz verschiedene Individualitäten, die sich auch in der Kindheit schon zum Ausdruck bringen. Beide

Erscheinungen haben ihre Berechtigung. Gehen sie aber ins Extrem, so ist es Aufgabe der Pädagogik, heilend und ausgleichend zu wirken.

In gewissem Sinne haben wir in den zwei Jesusknaben zwei solche Extreme vor uns. In dem einen Kind wirkten ganz stark die sozialen Liebekräfte, in dem anderen bildeten sich sehr früh eine ungeheure Klugheit und ein großer Wissensdurst aus. Rudolf Steiner sagt, daß wir mit unseren heutigen Maßstäben das eine Kind zwar für liebenswert, aber «tumb» halten würden, während das andere uns über die Maßen frühentwickelt erscheinen müßte.

Für ein Verständnis dieser Zusammenhänge müssen wir uns vergegenwärtigen, weshalb es überhaupt nötig ist, daß man in jeder Inkarnation zunächst wieder eine Kindheit durchlebt. Die Gesetzmäßigkeiten der Kindheit sind so, daß wir all das, was wir in vergangenen Erdenleben erlangt haben, uns wiederum zu eigen machen. In der Kindheit finden wir die dazu notwendigen leiblichen Voraussetzungen vor. Würden wir einen fertigen Erwachsenenleib vorfinden, so hätten wir keine Chance, unsere individuellen Fähigkeiten zu entwickeln, denn ein Erwachsenenleib ist nicht mehr bildsam genug. Wir wären dann ganz abhängig von der Konstitution des vorgegebenen Leibes. Indem wir aber einen kindlich-bildsamen Leib vorfinden, können wir mit unserer Individualität diesen Leib umbilden. Dadurch kann unsere Individualität sich in jeder Inkarnation wiederfinden, kann ihre Kräfte in den eigenen Leib einprägen. Das erste Aufblitzen dieser menschlichen Individualität im Leibe findet mit dem ersten Ich-Sagen statt. Wir erleben uns als Ich und erkennen uns selbst, man könnte auch sagen, wir erkennen uns wieder.

Die zwei Jesusknaben benötigten zunächst also ganz verschiedene Leiber, um sich in ihrer Eigenheit erkennen und ihre besonderen Fähigkeiten kräftig heranbilden zu können.

Nun schildert uns das Lukas-Evangelium einen Zeitpunkt, den kein anderes Evangelium erwähnt. Es ist die Szene des zwölfjährigen Jesus im Tempel. Erinnern wir uns dieses Kindes. Es ist, mit heutigen Worten gesagt, völlig unintellektuell, es ist durchdrungen von Unschuld und Liebe. Dieses lukanische Kind ist mit seinen Eltern nach Jerusalem gereist. Auf dem Rückweg bemerken Joseph und Maria, daß ihr Sohn nicht bei ihnen ist. Sie kehren um und suchen ihn. Als sie ihn endlich finden, sitzt er unter den Priestern und Schriftgelehrten und gibt derart verständige und kluge Antworten, daß sich alle darüber wundern. Die Bibel beschreibt den Augenblick, da seine Eltern ihn finden, mit den Worten: «Und da sie ihn sahen, entsetzten sie sich» (Lukas 2,48). Die Veränderung, die mit dem Kind vor sich gegangen war, war so ungeheuerlich, daß die Eltern mit großer Bestürzung reagierten.

Rudolf Steiner beschreibt diesen Zeitpunkt als den Augenblick, in dem die Individualität, die zuvor im salomonischen Jesusknaben ihre Fähigkeiten heranentwickelt hatte, den bis dahin bewohnten Leib verließ und nunmehr den Leib des nathanischen Jesusknaben in Besitz nahm. Beide hatten ihre Kräfte bis zu einer gewissen Vollkommenheit entwickelt. Der Leib des nathanischen Jesusknaben war ganz durchdrungen von den Kräften der Unschuld und der Liebe, die von der vorher nicht inkarnierten Seele ausstrahlten; die Individualität des salomonischen Knaben hatte sich durch die Bedingungen seines Leibes die Weisheitskräfte aus seiner bisherigen Erdenentwicklung wieder zu eigen machen können. Nun war es möglich, beide Strömungen in einem Leibe zu vereinen, und das geschah mit dem Übergehen des Ich, das vorher

Der zwölfjährige Jesus im Tempel. Defedente de Ferrari. 1526. Staatsgalerie Stuttgart.

im salomonischen Jesusknaben inkarniert war, in den Leib des nathanischen Jesusknaben. Wir haben also die besondere Situation, daß ein menschliches Ich nicht nur bei der Geburt in einen Leib einzieht, sondern, aus den notwendigen Bedingungen der Vorbereitung einer göttlichen Inkarnation heraus, während des Erdenlebens von dem einen Leib in den anderen Leib überwechselt. Der salomonische Jesusknabe starb einige Zeit, nachdem sein Leib von der in ihm wirksamen Individualität verlassen worden war.

Der nathanische Jesusknabe, mit dessen Leib sich das Ich des salomonischen Knaben verbunden hatte, entwickelte sich nun weiter. Von ihm berichtet uns die Bibel in allen vier Evangelien, wenn von Jesus von Nazareth gesprochen wird.

Bei der Jordan-Taufe verbindet sich das Christus-Wesen mit dem Leib des Jesus von Nazareth. Und indem die Christus-Wesenheit in den Leib einzieht, verläßt das Ich, das seit dem zwölften Lebensjahr mit dem aus der nathanischen Vererbungslinie stammenden Leib verbunden ist, diesen Leib.

Nicht nur das Christus-Leben selbst ist ein Opfergang, sondern auch die Vorbereitung dieser Inkarnation ist von Opfern, die die dafür bestimmten Individualitäten auf sich nehmen, geprägt. Die Ereignisse und Zusammenhänge können in diesem Rahmen nur in geraffter Form, den wesentlichen Zügen nach, geschildert werden. Für diejenigen, die sich intensiver mit dieser Thematik beschäftigen möchten, sei auf die entsprechende Literatur hingewiesen.[44]

Die Jordantaufe.
Codex Vyseradensis, Prag.

Am Anfang war die Rede davon, daß wir drei verschiedene Weihnachtsbilder haben. Es wurde versucht, die Unterschiede der beiden Geburts-Evangelien aus der geisteswissenschaftlichen Anschauung zu begründen. Vor uns steht zum einen das Bild der lukanischen Geburt, in der die Hirten das Kind in der Krippe finden und anbeten. Zum anderen haben wir die Darstellung des Matthäus-Evangeliums, in dem die Könige, geführt durch den Stern, zur Anbetung des Kindes kommen.

Das dritte Weihnachtsgeschehen sehen wir in der Jordan-Taufe, die uns von allen vier Evangelisten geschildert wird.

In den ersten Jahrhunderten des Christentums haben die Menschen das Weihnachtsfest am Tage der Taufe Jesu gefeiert, also am Tag der Geburt des göttlichen Geistes. Doch schon bald ging das Verständnis für diese geistige Geburt verloren, und das Christgeburtsfest wurde vom 6. Januar, dem Tag der Taufe, auf den 25. Dezember verlegt.[45] Man feierte nun die leibliche Geburt. Mit dem Schwinden des Verständnisses für die Geburt des göttlichen Geistes entstand in den Menschen eine Sehnsucht nach den Kindheitskräften; sie drückte sich im Laufe der Jahrhunderte in der Anbetung des Kindes in der Krippe aus. Rudolf Steiner schildert diese Hinwendung zum Kinde mit folgenden Worten:

«Warum wurde denn das göttliche Kind durch Jahrhunderte, durch Jahrtausende vor die Menschheit hingestellt als das, was es als am höchsten zu Verehrendes für die Menschenseele gibt? Aus dem Grunde, weil der Mensch, hinblickend zu dem Kinde – dann, wenn dieses Kind noch nicht so weit gekommen ist, daß es zu sich ‹Ich› sagen kann –, schauen kann, wissen kann, daß es noch an dem menschlichen Leib arbeitet, an dem Tempel des ewig Göttlichen, und weil der Mensch, der noch nicht ‹Ich› sagt, noch deutlich das Zeichen seines Ursprunges aus der spirituellen Welt zeigt. Durch diesen Hinblick auf des Menschen Kindesnatur lernt der Mensch volles Vertrauen haben zur Menschennatur. Da, wo der Mensch sich am meisten sammeln kann, wo die Sonne am wenigsten leuchtet und den Erdball wärmt, wo der Mensch nicht mit der Bestellung der äußeren Angelegenheiten beschäftigt ist, da, wo die Tage am kürzesten, die Nächte am längsten sind, wo alle Gelegenheit auf der Erde so ist, daß sich der Mensch am besten sammeln kann, am besten in sich selber gehen kann, da, wo sich ihm aller äußere Glanz, alle äußere Schönheit für eine Weile dem äußeren Blick entzieht, da stellte die abendländische Kulturentwickelung das Geburtsfest des göttlichen Kindes hin, das heißt des Menschen, der unverdorben die Welt betritt, und durch das unverdorbene Betreten der Welt dem Menschen in der Zeit seiner intensivsten Sammlung das stärkste, das höchste Vertrauen durch das Bewußtsein seines göttlichen Ursprunges geben kann.

Es ist wie eine Bekräftigung der großen Wahrheit, daß man vom Kinde viel lernen kann, wenn man sieht, daß eines Kindes Geburtstagsfest als ein großes, bedeutsames Vertrauensfest für die Menschheitsentwickelung hineingestellt ist in der Zeiten Lauf. Und so bewundern wir die unterbewußte, die spirituelle Vernunft der Menschen der Vorzeit, die solche Marksteine hineingestellt haben in der Zeiten Lauf. Wir fühlen uns dann wie Entzifferer von merkwürdigen Hieroglyphen, die gegeben sind durch das Hineinstellen solcher Feste in die Schrift der Zeiten durch die Menschen der Vorzeit, fühlen uns eins mit diesen

Menschen der Vorzeit. Während sonst unser Blick der Zukunft zugewendet ist, während wir sonst willig sind, unsere besten Kräfte der Zukunft zur Verfügung zu stellen, allen Glauben an die Zukunft zu kräftigen und zu stärken, versuchen wir gerade an solchen Festtagen in Erinnerungen zu leben, die alte Gedanken wie verkörpert zu uns herübertragen, die uns lehren, daß wir zwar gegenwärtig nur in unserer Art denken können, was der äußeren Welt im Spirituellen zugrunde liegt, daß aber noch in der Vorzeit – in anderer Art zwar, aber nicht minder richtig, nicht minder grandios und bedeutend – das Wahre, das Erhabene gedacht und empfunden worden ist durch das Sich-Einsfühlen mit der Menschheit, mit allem, was die Menschheit zu ihren Höhen tragen soll. Das ist unser geisteswissenschaftliches Ideal, daß man sich eins fühlen kann mit dem, was die Menschheit der Vorzeit geschaffen hat, manchmal aus den verborgensten Seelentiefen herauf. Dafür sorgen die Feste, sorgen insbesondere die großen Feste, wenn wir nur ihre in der Zeiten Schrift hineingezeichnete hieroglyphische Zeichenbedeutung uns durch die Wahrheiten der Geistesforschung vor die Seele malen können.»[46]

Die Hirtenkrippe

Die Anbetung des Kindes wurde seit dem 11. Jahrhundert in Krippendarstellungen zum Ausdruck gebracht. Der Brauch, eine Krippe aufzustellen, wird auf Franz von Assisi zurückgeführt. Er baute zu einem Weihnachtsfest in der Höhle, in der er lebte, eine Krippe auf, die er ganz der lukanischen Geburtsschilderung nachempfand. Sogar ein echter Ochse und ein echtes Eselein sollen dabei gewesen sein. Daß Franziskus, dessen Herz von der Liebe beseelt war, die wir in dem lukanischen Jesuskind in so hohem Maße finden, gerade die Lukas-Schilderung zum Vorbild seiner Krippe nahm, ist nur zu gut verständlich.

Von da an verbreitete sich die Sitte, zur Weihnachtszeit eine Krippe aufzustellen. Aus Unverständnis wurden vor allem in den letzten Jahrhunderten die beiden Geburtsschilderungen durcheinandergebracht. Das Wissen um die zwei Jesusknaben, das noch auf so manchen älteren Darstellungen durchschimmert, ging den Menschen allmählich ganz verloren.

Heute befinden wir uns an einem Punkt der Entwicklung, an dem nicht nur das differenzierte Wissen um die Zusammenhänge verloren gegangen ist, sondern an dem der Sinn des Weihnachtsfestes, wie es heute von großen Teilen der Christenheit begangen wird, völlig in Frage gestellt ist.

Wir müssen wieder lernen, in den tradierten «Hieroglyphen» zu lesen. All die Andeutungen über die zwei Jesusknaben, die sich in der bildenden Kunst und in alten Überlieferungen finden, sind solche «Hieroglyphen», deren Sinn man ohne die Geisteswissenschaft Rudolf Steiners nicht erfassen könnte.

Gerade dann, wenn man vor die Aufgabe gestellt ist, für Kinder die Feste zu gestalten, in denen die aus alter Weisheit geschaffenen Bilder eine Rolle spielen, ist das Studium dieser alten «Hieroglyphen» von besonderer Wichtigkeit. So kann einem beim Aufbau einer Krippe das Wissen von den zwei Jesusknaben eine große Hilfe sein. Wie man bei einer Krippe die Verschiedenheit der beiden Geburtsschilderungen in der Gestaltung zum Ausdruck bringen kann, wird in dem Buch von Brigitte Barz über das Festefeiern mit Kindern sehr schön und anschaulich beschrieben.[47]

Nun gehören zu der lukanischen Krippe immer Ochs und Eselein. Sie werden uns zwar im Lukas-Evangelium nicht geschildert, tauchen aber in der *Legenda Aurea*[48] auf. Welche Bedeutung mag es haben, daß gerade ein Ochse und ein Esel als Vertreter der Tierwelt an der Geburt des Kindes teilnehmen?

Beide Tiere gehörten zu den wichtigsten Helfern des Menschen, in armen Gegenden sind sie es bis heute geblieben. Der Ochse ist ein Zugtier, der Esel ein Lastenträger. Beide Tiere charakterisiert vor allem eine gewisse Ruhe und Gelassenheit. Der Esel ist weniger spritzig als das Pferd und der Ochse weniger temperamentvoll als der Stier. Zudem sind beide sehr genügsam und gehören zu den Haustieren der ärmsten Bevölkerung. Da auch Joseph und Maria zu dem armen Teil der Bevölkerung zählten, erscheint es durchaus schlüssig, daß sie einen Ochsen und einen Esel besaßen, wie es die Legende berichtet.

Betrachten wir aber diese Tiere und ihre Anwesenheit bei der Krippe als Bild für einen inneren Sachverhalt, so kann es noch eine andere Deutung geben.

Franz von Assisi bezeichnet seinen Leib einmal als seinen «Bruder Esel». Wie der Esel trägt unsere leibliche Organisation geduldig den Menschen durch das Leben. Manchmal reagiert er auch wohl ähnlich störrisch wie ein Esel und versagt uns seinen Dienst. Im großen und ganzen ist er uns aber ein ähnlich treues und geduldiges «Lasttier» wie der Esel.

Der Ochse gehört zur Tiergruppe der Rinder. Diese Tiere leben in besonderem Maße in ihrem Stoffwechsel und sind stets damit beschäftigt zu verdauen. Man stelle sich einmal ein Rind vor, das auf einer Weide liegt und mit mahlenden Bewegungen wiederkäut. Sein ganzes Wesen scheint Stoffwechsel zu sein, es lebt ganz in den Lebensprozessen.

Fassen wir Ochs und Esel in dieser Weise auf, so werden sie zu einem Hinweis auf das Besondere der unberührten Kindheitskräfte. Diese zeichnen sich gerade dadurch aus, daß reine, von keinem Erdenbewußtsein getrübte Lebensprozesse in einem Leibe tätig sind , während das seelisch-geistige Wesen sich noch in den Himmelshöhen befindet.

Auf unzähligen Krippendarstellungen können wir das Jesuskind in der Krippe liegen sehen, hinter ihm Ochse und Esel, über dem Stall öffnet sich der Himmel, und wir sehen, wie die göttliche Welt, Strahlen zur Erde sendend, zur Erde herabblickt. Das göttlich-geistige Wesen ist noch in den Himmeln, verbindet sich aber mit dem Erdenkind, das von einer großen Aura umstrahlt in der Krippe liegt.

Die Anwesenheit der Hirten verstärkt das geschilderte Bild. Hirten leben in einer besonders intensiven Verbindung mit den Kräften der Natur. Sie hüten und bewahren die unschuldigen Leben der ihnen anvertrauten Tiere. Auch das Schaf ist ein Wiederkäuer und lebt, ähnlich wie die Rinder, in besonderem Maße in den Lebensprozessen. In früheren Zeiten wurde vielen Hirten nachgesagt, daß sie über besondere Kräfte und Kenntnisse von Heilpflanzen verfügten. All das weist darauf hin, daß gerade die Hirten ein außergewöhnlich nahes Verhältnis zu den Schöpferkräften der Natur hatten.

Schöpferkräfte sind es auch, die uns aus jedem Kind und insbesondere aus dem lukanischen Kind entgegenstrahlen. Für diese unverdorbenen Schöpferkräfte, die mit dem lukanischen Kind zur Erde kamen, sind gerade die Hirten besonders empfänglich.

So fügt sich alles zu einem sinnvollen Ganzen zusammen, nichts scheint willkürlich zu sein, jedes einzelne Element wird zu einer Ergänzung des Gesamtbildes, das uns das Lukas-Evangelium vermittelt.

Der 6. Januar, der einmal als der «Geburtstag Christi» galt, ist uns heute bekannter als Dreikönigstag, der Tag, an dem die Heiligen Drei Könige zur Anbetung des Kindes kamen.

Im Grunde können wir in diesen zwölf Tagen und Nächten vom 25. Dezember bis zum 6. Januar die ganze Fülle dessen nacherleben, was zur Inkarnation des Christus führte. Es wird für ein neues Verständnis des Weihnachtsfestes darauf ankommen, daß wir erkennen, daß in der leiblichen Geburt eine Vorbereitung der eigentlichen, der geistigen Christgeburt zu sehen ist.

Nun ist es nicht unbedeutend, daß man, indem der Weihnachtstermin vom 6. Januar, dem Tauftag, auf den 25. Dezember gelegt wurde, einen Tag wählte, der in vorchristlicher Zeit als ein hoher Feiertag begangen wurde. Im Orient und später über das ganze römische Reich hin galt der 25. Dezember als der Geburtstag des Mithras. Dieser wurde in den ersten christlichen Jahrhunderten dem «Sol invictus», der unbesiegten Sonne, völlig gleichgesetzt. Sein Fest wurde nun durch das Christgeburtsfest abgelöst.[48a]

War es damals die Verehrung eines göttlichen Lichtwesens, das in der Sonne erlebt wurde, so können wir heute mit dem Christfest die Geburt des göttlichen Lichtes im Erdenbereich feiern. Das ist der wesentliche Unterschied zu den vorchristlichen Sonnenmysterien, daß die Wesenheit, die einstmals in der Sonne erlebt wurde, nun hineingetaucht ist in den Erdenbereich. Sie ist zum innersten Erdenlicht geworden. Von zweifacher Bedeutung ist es, daß dieses Ereignis gerade in die Jahreszeit hineingelegt wurde, in der es äußerlich auf der Erde am dunkelsten ist. Und doch ist der kürzeste Tag vorbei, die Sonne gewinnt wieder an Kraft. In der Wahl dieses Zeitpunktes liegt zugleich ein inneres und ein äußeres Bild. Die Geburt des Geisteslichtes ist nur aus unserem innersten Wesenskern heraus zu begreifen; wie ein äußeres Bild für das Wachsen dieses Geisteslichtes kann uns aber die Bewegung des Sonnenlaufes zu dieser Zeit sein. Das äußere Licht ist wieder im Zunehmen begriffen.

In dem Christus-Licht vereinen sich auch die beiden Strömungen, die zur Vorbereitung der Christgeburt nötig waren.

Eine dieser Strömungen schildert das Lukas-Evangelium, die andere wird durch Matthäus überliefert. Schildert das Lukas-Evangelium die unschuldigen Kindheitskräfte, so berichtet Matthäus von der weisheitsvollen Menschheitsströmung, deren höchster Repräsentant sich in dem salomonischen Jesusknaben inkarnierte und dessen Geburt von den Heiligen Drei Königen aus Sternenweisheit erfahren wurde. Im Gegensatz zu den Hirten, in denen wir jene Kräfte erkennen können, die zum Verständnis der Naturreiche nötig sind, stehen in den Königen Repräsentanten kosmischer Weisheit vor uns. Sie erfahren aus den Sternen nicht nur von der Geburt des Jesuskindes, sondern sie werden auch von einem Stern zu dem Kind hingeführt, um es anzubeten und ihm ihre Gaben darzubringen.

Johannes von Hildesheim, der dem Leben der Heiligen Drei Könige nachging,[49] weist darauf hin, daß die Propheten Jesaja und Daniel den Stern vorauskünden und daß dieser Stern im Orient über lange Zeiträume hin erwartet wurde. Zwölf Sternenkundige wachten abwechselnd auf dem Berge Vaus, um den Augenblick der Erscheinung des Sternes nicht zu versäumen. Als er endlich am Himmel erschien, breitete sich die Kunde davon sehr schnell aus und gelangte auch zu den drei Königen, die nach Johannes von Hildesheim in Indien, Chaldäa und Persien lebten. Sie machten sich auf den Weg und nahmen als Gaben Gold, Weihrauch und Myrrhe mit. Melchior brachte das Gold, Balthasar den Weihrauch und Kaspar die Myrrhe. Von diesen Geschenken berichtet auch Matthäus.

Diese Gaben hängen zweifellos sehr eng mit dem Wesen der Könige zusammen. Wollen wir die drei Weisen aber charakterisieren, so können wir aus der Bibel nichts erfahren, denn dort werden sie nicht einzeln geschildert. Im Oberuferer Dreikönigsspiel[50] aber werden sie recht einprägsam in ihren Eigenschaften dargestellt.

Melchior verlangt zuerst nach «gatter compas und ålle instrument». Dieser Instrumente bedient er sich dann, um den Stern selber zu betrachten. Alles deutet auf einen Menschen hin, der seine Erkenntniskräfte anwendet und mittels dieser Erkenntniskräfte Einsicht in das Ereignis, das sich am Himmel abspielt, gewinnt. Daß er aber nicht nur den Stern, sondern auch die Jungfrau mit dem Kind im Stern erblickt, deutet darauf hin, daß es sich nicht um rein naturwissenschaftliche Erkenntnisse handelt, sondern daß er zugleich ein geistiges Bild schaut.

Balthasar erfährt von dem Stern mit dem Bild der Jungfrau und dem Kind auf andere Weise. Seine Umgebung, sein Hofgesinde, hat ihm davon berichtet. Er nimmt das Ereignis also nicht, wie Melchior, durch die zielgerichtete Erkenntnis wahr, sondern erfährt es aus seinem Umkreis. Das deutet darauf hin, daß er besonders wach für seine Umgebung ist, daß seine Wahrnehmungsfähigkeit ganz auf seinen Umkreis gerichtet ist.

Von Kaspar erfahren wir gar nicht, wie ihm das Ereignis bekannt wurde; er reagiert mit einem «O wunder groß, o hechste frelichkeit». Darin spricht sich eine Begeisterung aus, die jugendlich, ja fast stürmisch wirkt.

Melchior forscht bei den Propheten, wendet sich an vergangene Weisheit, um das Ereignis zu verstehen. Balthasar nimmt das auf, was ihm aus der Umgebung zugetragen wurde, und Kaspar wirkt entschlossen und befeuert zugleich, sein Sinn scheint in die Zukunft hinein zu streben.

Bei einer solchen Betrachtung des Oberuferer Dreikönigsspieles kann man in der Tat den Eindruck gewinnen, als begegneten uns in den drei Königen die menschlichen Eigenschaften, die sich auf Vergangenheit, Gegenwart und Zukunft beziehen: die Erkenntniskräfte, die sich aus der Vergangenheit herauf entwickeln; das Wollen, das uns, von Entschlossenheit und Enthusiasmus getragen, in die Zukunft streben läßt, und vermittelnd zwischen beiden das Fühlen, das sich in der Gegenwart zeigt und durch das wir stets in unmittelbarem Austausch mit unserer Umgebung stehen.

Melchior trägt das Gold, das seit altersher Symbolum der Weisheitskräfte, der Erkenntniskräfte ist.

Den Weihrauch, den wir aus dem Luftelement einatmen, also aus der Umgebung aufnehmen, trägt Balthasar. Weihrauch wurde schon in vorchristlicher Zeit in Opferdiensten verwendet, er galt in christlichen Zeiten auch als Symbol des Gebetes, in dem man sich mit der göttlichen Welt verbindet.

Die Myrrhe ist für ihre Heilwirkung bekannt. Sie wird als Öl, aber auch als Räuchermittel verwendet. Rudolf Steiner bezeichnet die Myrrhe als ein Symbol der Verbindung der Menschenseele mit dem Ewigen, dem Göttlich-Geistigen. Die Myrrhe begegnet uns auch bei der Grablegung Christi; sie gehört zu den Spezereien, von denen es heißt, daß sie in dem Tuch waren, in das der Leichnam

Christi eingebunden wurde. So gehört die Myrrhe, wie auch Johannes von Hildesheim sagt, zwar zum Begräbnis, mag aber wohl gerade deshalb für den Leichnam verwendet worden sein, weil sie den Menschen als ein Symbol der Überwindung der irdischen Todeskräfte galt.

Einerseits stehen in den Gaben der Könige die Symbole für das Denken, das Fühlen und das Wollen vor uns, also für jene Seelenqualitäten, die die Menschheit sich in langen Entwicklungsperioden angeeignet hat. Andererseits können sie uns bereits als Hinweis auf das zukünftige Schicksal des neugeborenen Kindes erscheinen.

Für die erworbenen Weisheitskräfte steht das Gold, im Weihrauch sehen wir ein Bild für die Opferkräfte des Herzens und in der Myrrhe für die Auseinandersetzung mit dem Tod, dessen Überwindung immer als Sehnsucht in den Herzen der Menschen lebte.

Der Weihnachtsbaum

Eines der weitverbreitetsten Weihnachtssymbole ist der Weihnachtsbaum.

Tritt uns in den Krippendarstellungen in besonderer Weise die Geburt des Jesuskindes vor Augen, so sehen wir im Weihnachtsbaum ein Symbol, das deutlich auf das Weltenlicht hinweist.

Lukas rührt in seinem Evangelium an eine paradiesische Epoche der Menschheit, während das Matthäus-Evangelium die Auseinandersetzung mit dem Bösen in Gestalt des Herodes schildert. So wird uns der Tod in seiner furchtbarsten Form dargestellt, nämlich im bethlehemitischen Kindermord. Tatsächlich eröffnen diese beiden Geburtsevangelien uns die ganze Spanne der Menschheitsentwicklung vom paradiesisch-kindhaften Dasein des Menschen bis hin zu seinem totalen Ausgeliefertsein an die Mächte des Bösen.

Alle vier Evangelien aber schildern uns den Zeitpunkt der Jordan-Taufe, bei der sich der göttliche Geist in den Leib des Jesus von Nazareth hereinsenkt. Das göttliche Licht, das erst jetzt seine Geburt in einen menschlichen Leib hinein vollzieht, leuchtet vorher über den beiden Geburtsereignissen, strahlt aus der geistigen Welt zur Erde herab.

In dem bereits zitierten Vortrag über die Christgeburt[51] weist Rudolf Steiner darauf hin, daß es von großer Weisheit war, das Christgeburtsfest auf den Tag nach dem Adam-und-Eva-Tag zu legen. Den Zusammenhang der Vertreibung aus dem Paradies und des Weihnachtsgeschehens deutet auch die *Legenda Aurea*[52] an. Die Bibel schildert uns, daß der Mensch, nachdem er vom Baum der Erkenntnis gegessen hatte, seine Nacktheit bemerkte und sich dessen schämte. Die eigene Nacktheit bemerken heißt, sich seiner selbst bewußt werden. So wie jedes Kind sich eines Tages seiner selbst bewußt wird, so gab es auch in der Geschichte der Menschheit einen Zeitpunkt, an dem das Selbstbewußtsein, das zugleich Voraussetzung für Weltbewußtsein ist, auftrat. Diesen Zeitpunkt schildert die Bibel in bildhafter Weise: Es ist der Moment, in dem Adam und Eva vom Baum der Erkenntnis essen.

Der Hinweis auf die Nacktheit deutet aber auch an, daß der Mensch sich erst jetzt als Sinneswesen wahrnimmt. Die sinnliche Welt wird ihm bewußt, und damit tritt er aus der Einheit mit der geistigen Welt heraus in die Sinneswelt hinein. Die Menschheit erlangt Eigenständigkeit gegenüber der göttlichen Welt.

Es wurde bereits im Kapitel über das Adventsgärtlein gesagt, daß Gott-Vater den Menschen als Folge dieser Selbständigkeit die Sterblichkeit, den Tod ankündigt. Wie sich das Verhältnis des Menschen zur Welt der Toten entwickelte, wurde am Anfang der Ausführungen über Weihnachten an Beispielen aus der griechischen Welt dargestellt. Es wurde auch darauf hingewiesen, daß eine Reihe früherer Maler die Mission des Christus andeuten, indem sie dem bei der Verkündigung zur Erde herabschwebenden Kind das Kreuz auf die Schulter legen.

Nicht der Tod jedoch, sondern die Überwindung der Todeskräfte, die Auferstehung, ist die Erfüllung der Christus-Mission. Im *Messias* von Händel heißt es im dritten Teil, gesungen vom Chor:

Wie durch einen der Tod, so kam durch
Einen die Auferstehung von dem Tod.
Denn wie durch Adam alles stirbt,
also lebt in Christo alles wieder auf.
(I. Korinther 15, 21 f.)

Den Tod erlebten die Menschen im Reich der Finsternis, der Überwinder des Todes aber galt den Menschen seit jeher als das höchste Lichtwesen. Das bereits im Michaeli-Kapitel zitierte Gedicht von Christian Morgenstern drückt das Lichthafte des Christus und seiner Erdenmission in wunderbarer Weise aus:

Licht ist Liebe ... Sonnen-Weben
Liebes-Strahlung einer Welt
schöpferischer Wesenheiten –

die durch unerhörte Zeiten
uns an ihrem Herzen hält,
und die uns zuletzt gegeben

ihren höchsten Geist in eines
Menschen Hülle während dreier
Jahre: da Er kam in Seines

Vaters Erbteil – nun der Erde
innerlichstes Himmelsfeuer:
daß auch sie einst Sonne werde.

In diesem Gedicht wird der Christus als das Weltenlicht gesehen. Den Worten aus dem *Messias* können wir den anderen Christus-Impuls entnehmen: Wie durch Adam alles stirbt, also lebt in Christo alles wieder auf. Licht und Leben, hier liegt auch das Geheimnis des Weihnachtsbaumes.

Der Weihnachtsbaum ist ein Symbolum, das uns seiner Entstehung nach nicht in ferne Vergangenheiten führt. Er wird zum ersten Mal im Jahre 1605 in einem Reisebericht über das Elsaß erwähnt. Damals steckte man die Lichter aber noch nicht an den Tannenbaum, sondern verteilte sie in den Stuben. Zu welchem Zeitpunkt es üblich wurde, ihn mit Lichtern zu bestecken, kann nicht mehr genau festgestellt werden. Erst im 19. Jahrhundert breitete sich die Sitte, Weihnachtsbäume aufzustellen, weltweit aus. Heute ist er aus unseren Weihnachtsstuben nicht mehr wegzudenken.

In der kältesten und dunkelsten Zeit des Jahres, wenn die äußere Natur abstirbt, trägt die Tanne weiter ihr grünes Nadelkleid. Sie behält ihre Lebenssäfte dank einer zarten Wachsschicht, die jede Nadel umgibt, bis in die äußerste Peripherie hinein, während die Laubbäume die Säfte zurückziehen und ihre Blätter abwerfen. Dieser Eigenschaft verdankt es die Tanne (wobei hier Tanne als Oberbegriff für Nadelhölzer gemeint ist), daß sie den Menschen zum Symbol der Lebenskräfte wurde. Daß man aber

Tannen*bäume* aufstellt, mag uns an den Lebensbaum erinnern, der auch im Paradies steht und von dessen Früchten die Menschen seit der Vertreibung aus dem Paradies nicht mehr essen dürfen.

Der erste Tannenbaum, von dem wir Kunde haben, war mit Rosen, Äpfeln, Oblaten und Zuckerwerk geschmückt. Zu einem bestimmten Zeitpunkt durfte der Baum «geplündert» werden; die Menschen mögen dabei das Empfinden gehabt haben, als äßen sie vom Baum des Lebens.

Warum aber hingen die Menschen ausgerechnet Äpfel, Oblaten und Rosen an den Baum?

Die Äpfel erinnern an den Baum der Erkenntnis, sie verbinden uns mit der menschlichen Vergangenheit. Bei den Rosen mag man sich auf jene Legende besinnen, die berichtet, daß bei der Flucht des Christkindes Rosen von Jericho zart und rot aus dem Wüstensand hervorsprossen.[53] Oder wir denken an die wunderbare Legende von den Christrosen, die Selma Lagerlöf erzählt.[54] In einer weiteren Legende läßt der Engel Gabriel aus der dunklen Wintererde rote und weiße Rosen wachsen, damit ein armes Hirtenmädchen sie dem Christkind schenken kann.[55] Die Rose wird uns in den Legenden immer in der Art geschildert, daß sie die absterbende Natur des Winters überwindet und in der Christnacht aufblüht, oder sie wächst – so die Rose von Jericho – im trocken heißen Wüstensand.

Das Rot der Rose mag uns als ein Symbol der lebentragenden Kräfte des Blutes Christi erscheinen.

Die Oblate wird beim christlichen Abendmahl als Hostie gereicht. Sie ähnelte in früheren Zeiten einem Fladenbrot. Dieses Brot, das die Menschen an den Weihnachtsbaum hängten, mag ihnen ein Bild gewesen sein für den Leib des Christus.

Durch das Schmücken des Weihnachtsbaumes mit Rosen, Oblaten und Äpfeln brachten die Menschen, vielleicht unbewußt, ihre tiefe Verbundenheit mit dem Christus zum Ausdruck. Er bringt die Auferstehung und das Leben: Das drückt sich aus in dem Bild des Baumes, der zur Winterszeit, in der die äußere Natur abstirbt, grünt und das Leben durch den Winter hindurchträgt. Dieses Bild wird vertieft durch die Rosen und die Oblaten, die ihn schmücken. Die Äpfel erinnern an das Ereignis, das den Menschen aus dem Paradies herausführte.

Indem nun das Licht hinzukam und auf den Weihnachtsbaum gesteckt wurde, deutete man im Bild darauf hin, daß es eine andere Erkenntnis gibt als diejenige, die uns zu Erdenbürgern macht. Das Licht auf dem Tannenbaum kann uns wie ein Hinweis auf jene Erkenntnisfähigkeit sein, die im wahrsten Sinne des Wortes «Erleuchtung» genannt werden kann. Wenn der Weihnachtsbaum in der richtigen Weise geschmückt wird, können wir in ihm ein Symbol dafür sehen, daß sich der Baum des Lebens und der Baum der Erkenntnis vereinigen. Berücksichtigt man beim Weihnachtsbaum diese Gedanken und richtet sich nicht nur nach dekorativen Gesichtspunkten, so kann dieses weihnachtliche Symbolum, von dem so oft behauptet wird, es sei nicht eigentlich christlicher Herkunft, zum tiefsten Sinnbild des weihnachtlichen Geschehens werden.[56]

Die Adventswochen dienen als Vorbereitungszeit für Weihnachten. Es ist eine Zeit, in der Ruhe und Besinnung einkehren sollten. Vier Adventssonntage liegen vor Weihnachten; vier Epiphaniassonntage folgen. Wie die Adventszeit uns eine Einstimmung auf die Weihnachtstage sein sollte, so kann die Epiphaniaszeit uns als Ausklang dienen. Am 2. Februar ist der Tag der Darstellung Jesu im

Tempel. Wir sind gewohnt, diesen Tag auch Mariä Lichtmeß zu nennen. Vierzig Tage sind es vom Heiligen Abend bis zu Mariä Lichtmeß. Diese Tage galten im mosaischen Gesetz als die Tage der Reinigung nach der Geburt.

Mit dem 2. Februar ist die Zeit des weihnachtlichen Ausklanges vorüber. Im alten keltischen Kalender galt der 1. Februar als Frühlingsanfang. Wir können es in der Tat bemerken, wie die Erde, die um die Weihnachtszeit den Atem angehalten hat, ihre Kräfte wieder auszuströmen beginnt. Die Schneeglöckchen beginnen zu blühen, die Haselkätzchen brechen auf, es ist, als reibe die Natur sich die Augen, um aus der Winterverzauberung zu erwachen.

FASCHING

Zwischen Epiphanias und Ostern stehen zwei ganz gegensätzliche Festeszeiten: die ausgelassene Faschingszeit und die Passionszeit, deren tiefer Ernst uns am deutlichsten am Ende, in der Karwoche, bewußt werden kann. Nun wird gemeinhin angenommen, daß die Faschingszeit den Menschen von der Kirche eingeräumt wurde, gewissermaßen als Ausgleich für die folgende Fastenzeit. Das entspricht aber nicht der Herkunft des Faschings.

Der städtische Karneval, wie er heute vor allem im Rheinland gefeiert wird, entstand erst am Ende des 18. Jahrhunderts. Diese Form des Faschings ist also recht jung. Dem eigentlichen Ursprung des Faschings kommt man näher, wenn man die Fastnachtsbräuche im alemannischen Raum betrachtet. Hier spielen allerlei Geister und Dämonen eine Rolle und treiben während der «tollen Tage» ihr ungestümes Wesen. Im Kapitel über die Ernte-Michaeli-Zeit wurde bereits dargestellt, daß in früheren Zeiten eine intensive Verbindung der Menschen zu den Elementarwesen bestand und wie die durch das noch mehr traumhafte Bewußtsein erlebten Naturgeister in das Handeln miteinbezogen wurden.

Die Elementarwesen der Erde machen den großen Atemzug der Erdenseele in das eigene Innere hinein während der Herbst- und Winterzeit mit. Sie wurden im Sommer von den Menschen als am Wachsen und Werden der äußeren Natur beteiligt erlebt; zum Herbst und Winter hin ziehen sich die Elementarwesen in die Erde zurück. Während die äußere Natur abstirbt, wirken sie im Inneren der Erde, in der sich schon wieder der kommende Frühling vorbereitet.

Nun leben die Naturwesen dort keineswegs in einer Art Winterschlaf. Sie entfalten im Gegenteil eine ungeheure Aktivität, die sich bis hin zu entfesselter Ausgelassenheit steigern kann.

In Ibsens Drama *Peer Gynt* wird uns im zweiten Akt das ungebärdige Wesen der im Erdenreich hausenden Gnomen, Trolle, Kobolde und anderer Geister, zum Beispiel auch Hexen, einprägsam geschildert. Edvard Grieg hat diese Szene in seiner Vertonung des *Peer Gynt* beeindrukkend in Musik umgesetzt. Allein beim Hören der Musik zu der Szene, in der Peer Gynt im Reich der Trolle ist, kann man eine Ahnung von der Tollheit bekommen, in die sich diese Wesen hineinzusteigern vermögen.

Auch die Menschen wurden, solange sie noch in Beziehung zu den Elementarwesen standen, von diesem Taumel ergriffen. Die Vorstellungen von den Natur-Elementargeistern wurden in der Gestaltung von Masken und Verkleidungen sichtbar gemacht. Aus diesem Miterleben der Elementarwelt gingen dann die verschiedenen Bräuche hervor, von denen unsere Faschingssitten abstammen.

Im römischen Reich feierte man die Saturnalien, eine Festlichkeit, bei der die Standesunterschiede aufgehoben wurden. Für wenige Tage im Jahr waren alle Menschen gleich – was bei der römischen Gesellschaftsordnung, in der es ja noch Sklaven gab, von großer sozialer Bedeutung war.[57]

In den nördlichen Gegenden entstanden die sogenannten Rauhnächte, in denen Lärm- und Maskenzüge den Mittelpunkt bildeten. Die Fastnacht im alemannischen Raum erinnert an alte Gepflogenheiten in Verbindung mit den Rauhnächten.

«Wenn auch heute niemand mehr an Dämonen und Naturgötter glaubt: die Masken und das Winterspiel rühren die Menschen trotzdem an, so daß viele alte Bräuche weitergepflegt werden.»[58]

Das ist ein eigenartiger Widerspruch in der heutigen Menschheit. Man hat keine Beziehung mehr zu den ursprünglichen Gegebenheiten, aus denen die Feste hervorgingen, mag aber auch nicht von den Bräuchen lassen, was ja nur konsequent wäre. Würden die meisten Menschen nur noch das leben, was sie denken, wir hätten eine festearme Welt.

Als Rudolf Steiner von den Arbeitern am Goetheanum nach dem Sinn des Faschings gefragt wurde, antwortete er, daß Fasching eigentlich erst dann wieder eine echte Berechtigung habe, wenn der soziale Aspekt wieder eine größere Rolle spiele.[59]

Wir können uns, zumal dann, wenn wir in Gegenden leben, in denen der Fasching noch größere Bedeutung hat, diesem Treiben sicherlich nicht ganz entziehen. Vor allem Schulen und Kindergärten haben sich den regionalen Gepflogenheiten ein wenig anzupassen.

Nun gehört aber zu der Kunst, in eine andere Haut hineinzuschlüpfen, die Fähigkeit, sich selbst als Persönlichkeit zurücknehmen zu können. Dafür ist wiederum Voraussetzung, daß man zunächst einmal zu seiner eigenen Persönlichkeit gefunden haben muß. Wer einmal kleine Kinder beobachtet, wenn sie in einem Faschingskostüm stecken, kann bemerken, daß ihnen im Grunde die Fähigkeit abgeht, auf Kommando in eine andere Haut zu schlüpfen. Sie können das sehr wohl während des Spielens, wenn sie mit ihrem ganzen Wesen in ein Spiel eintauchen. Sie können es aber nicht, wenn es, von außen terminiert, von ihnen erwartet wird. Sie stehen zuweilen in ihren Kostümen recht genierlich und hilflos herum. Deshalb ist es notwendig, daß die Erwachsenen ihnen ganz «handgreiflich» zu Hilfe kommen und an Kinderfaschingsfeiern darauf achten, daß die Kinder zum Tun kommen, daß sie in Tätigkeiten eingespannt werden, andernfalls muß man mit ausbrechender Toberei rechnen. Aus diesem Grunde werden in vielen Waldorfkindergärten an Fasching zahlreiche Handwerkstätten angeboten, in denen die Kinder sinnvolle Tätigkeiten ausüben können.

PASSIONSZEIT

Die Kirche duldete zwar das närrische Treiben im Fasching, setzte ihm aber mit dem Aschermittwoch ein deutliches Ende. Nun begann die strenge vierzigtägige Fastenzeit (vierzig Tage sind es deshalb, weil die sechs Sonntage zwischen Aschermittwoch und Ostern nicht als Fastentage gezählt wurden). Den Kirchenvätern, die diese Einrichtungen verfügten, mag bewußt gewesen sein, daß das Faschingstreiben ein sich Hingeben der Menschen an die unsichtbar in der Natur waltenden Kräfte war. Mit dem Fasten entstand eine Gegenbewegung. Das Fasten war eine Möglichkeit, seiner eigenen Natur Einhalt zu gebieten, Herr der eigenen natürlichen Bedürfnisse zu werden.

Die Zeit des Fastens war von der Kirche streng vorgegeben. Die Menschen disziplinierten sich also nicht aus eigenem innerem Antrieb, sondern sie lebten eingebettet in die Regeln und Vorgaben der Kirche. Das ist heute nicht mehr zeitgemäß. Welche selbstbewußte Menschen lassen sich heute noch in eine solche von außen gegebene Lebensregelung einfügen? Die Angelegenheiten des religiösen Lebens werden mehr und mehr zu Fragen des einzelnen Individuums, des menschlichen Ich.[60]

Die Passionszeit im Jahreslauf ist dem Gedenken an den

Leidensweg des Christus Jesus gewidmet, der mit der Kreuzigung auf Golgatha endet: Fast niemand hatte das göttliche Wesen, das drei Jahre in dem Leib des Jesus von Nazareth lebte, erkannt. Als Scharlatan wurde der Christus an das Kreuz genagelt. Nur wenige seiner Anhänger waren bei ihm, die meisten sahen von Ferne zu. Er wurde verspottet und verhöhnt, ehe er verschied.

Ereignet sich diese Kreuzigung des Geistigen in unserer Welt nicht tagtäglich? Werden heute nicht von vielen Menschen jene als Scharlatane angesehen, die den Urgrund des Seins in einer göttlich-geistigen Welt suchen, statt ihn in Genen und Atomen zu vermuten? Weshalb zerstört die Menschheit nach und nach die Erde? Liegt es nicht daran, daß wir die Gesetze des Lebendigen als der ersten Stufe eines geistigen Daseins nicht mehr erkennen? Oftmals werden die Gesetzmäßigkeiten des Lebendigen nicht nur nicht erkannt, sondern vehement geleugnet.

Die Erde selbst geht heute einen Passionsweg. Sie wird nicht als ein lebendiger Organismus angesehen, sondern als eine Summe von Bestandteilen, die man beliebig herausfiltern und wieder ausstreuen kann, wie es zum Beispiel in der Landwirtschaft geschieht. Heute haben naturwissenschaftliche Dogmen die früheren religiösen Dogmen abgelöst. In einem Punkt allerdings weiß die Naturwissenschaft der Menschheit noch keinen Rat, noch weniger kann sie einen Ausblick auf den Sinn vermitteln. Dieser Punkt im menschlichen Leben ist der Tod.

Krankheit, Leid und Tod werden zunehmend als etwas Abnormes angesehen und an den Rand der Gesellschaft gedrängt. Insbesondere durch die moderne Werbung wird uns ein Weltbild suggeriert, in dem Leiden und Schmerz keinen Platz haben.

Leiden und Schmerz aber sind Erfahrungen, die zu jedem menschlichen Leben gehören und die uns oftmals in einen menschlichen Reifungsprozeß hineinführen. Immer dann, wenn Leid, Krankheit und Tod uns berühren, befinden auch wir uns auf einem Passionsweg. In der Bereitschaft aber, das Leid, das uns trifft, anzunehmen, es zu tragen, ohne uns von ihm niederdrücken zu lassen, nähern wir uns dem Golgatha-Weg des Christus Jesus. Die höchste Form des Leides ist das Mit-Leid. Christus hat nicht um seiner selbst willen diesen Leidensweg auf sich genommen, nicht aus seinem Schicksal heraus ging er den Golgatha-Weg, sondern aus dem Menschheitsschicksal heraus. Sein Weg ist ein Mitleidsweg.

Man möge sich einmal vor Augen führen, daß das Kreuzigungsbild des Isenheimer Altars, das in Colmar im Museum Unterlinden steht, früher das ganze Jahr über zu sehen war. Nicht das Geburtsbild oder gar das Auferstehungsbild waren stets sichtbar, sondern das Kreuzigungsbild. Der Isenheimer Altar war für kranke Menschen geschaffen worden. Im Anschauen dieses Kreuzigungsbildes mag in ihnen das eigene persönliche Leid zurückgetreten sein vor dem gewaltigen Eindruck, den dieses Bild vermittelte. Auch heute noch kann es uns beim Betrachten dieses Bildes so gehen, daß für Augenblicke aller Kleinmut, alles persönliche Leid wie erloschen ist im Angesicht der Größe und der Kraft, die sich in dieser Darstellung des Christus-Leidens vor uns auftut.

So seltsam es auch klingen mag, nicht das Ende, nicht der Tod steht als letzte Konsequenz vor einem; das Kreuzigungsbild des Isenheimer Altars trägt bereits in sich den Hinweis auf die Zukunft. Das geschieht insbesondere durch die Gestalt Johannes des Täufers auf der rechten Bildseite. Johannes der Täufer zeigt auf den sterbenden Christus, und über seinem Arm stehen die Worte: *Illum oportet crescere me autem minui.* Übersetzt heißt es: «Er muß wachsen, ich aber muß abnehmen.»

Grünewald spricht in einer mächtigen Imagination durch dieses Bild, denn Johannes der Täufer war, historisch betrachtet, zu diesem Zeitpunkt schon tot. Und doch steht er neben dem Kreuz, nicht als Lebender, er ist als geistige Gestalt anwesend. Er, der Verkünder des Christus, muß weniger werden, und jener, der am Kreuze hängt und seine ganze Opferkraft für das Menschheitsschicksal hingibt, jene geistige Kraft, die diese Opferkraft hervorbringt, muß zunehmen.

Aus dem bis jetzt Gesagten kann uns bereits deutlich werden, daß der Passionsweg, der Leidensweg, erst dann für einen Menschen innerlich nachvollziehbar wird, wenn uns das Ich als menschlicher Wesenskern voll zur Verfügung steht. Das Verhältnis zum menschlichen Leid ist eine Angelegenheit des menschlichen Ich. Das bewußte Erleiden eines Schicksals, sei es das eigene oder ein fremdes, steht uns in der Kindheit noch nicht zur Verfügung.

Vielleicht berührt uns das Leid von Kindern gerade deshalb so stark, weil sie leiden, ohne sich schon bewußt mit diesem Leid auseinandersetzen zu können. Auch den Tod erlebt ein Kind anders als ein Erwachsener. Zwei Beispiele aus der eigenen Kindheit mögen hier das Verhältnis der kindlichen Seele zum Tod wiedergeben.

Ich war gut neun Jahre alt, als meine Großmutter starb. Die Nachricht von ihrem Tode erreichte mich in der Schule. Mir war klar, daß das ein trauriger Tag war, und es war mir fast peinlich, daß sich in meiner Seele echte Trauer nicht einstellen wollte. Dabei hatte ich zu meiner Großmutter ein recht vertrautes und liebes Verhältnis gehabt. Der Tod war mir etwas Fernes, Fremdes; und so weigerte

Kreuzigung und Grablegung.
Mathis Gothart Grünewald um 1513/15.
Isenheimer Altar. Unterlindenmuseum, Colmar.

ich mich denn auch standhaft, meine Großmutter noch einmal auf dem Totenbett anzusehen.

Bei der Beerdigung sah ich meine älteste Schwester bitterlich weinen, selbst mein Vater, von dessen Mutter wir nun Abschied nahmen, weinte. In mir aber wollte sich diese tief empfundene Trauer nicht einstellen. Ich empfand es aber doch schon als einen Mangel, nicht weinen zu können. Es war eine Sehnsucht in mir, solche Empfindungen haben zu dürfen, aber vorerst blieben sie aus.

Monate später starb die Großmutter meines Spielkameraden. Ich war bei der Beerdigung nicht dabei, denn als Kinder nahmen wir nur an Beerdigungen naher Verwandter teil. Ich war zu Hause in meinem Zimmer, als die Dorfglocke zu läuten begann. Sie läutete immer so lange, bis der Beerdigungszug den Weg vom Totenhaus bis zum Friedhof gegangen war. Ich lag mit einer Grippe im Bett und lauschte den Glocken. Plötzlich tauchte in meinem Innern ein Bild der Verstorbenen auf, wie ich sie noch einige Zeit vor ihrem Tod erlebt hatte. Ich sah sie vor dem Haus sitzen, wo sie täglich Kartoffeln zu schälen pflegte. Ich meinte, ihre freundliche Stimme zu hören, und mit einem Mal begann ich zu erkennen, daß ich sie nun nie wieder so dasitzen sehen und sprechen hören würde. Ein unendlicher Schmerz breitete sich in mir aus, und ich begann bitterlich zu weinen.

Bei dem Tod der eigenen Großmutter war die innere Verfassung der kindlichen Seele noch nicht reif zum Erleben des Todes, wenn auch das Fehlen dieses Trauer-Erlebnisses schon empfunden wurde. Beim Tod der Großmutter des Spielkameraden war diese seelische Schwelle überschritten.

Man kann allgemein sagen, daß etwa bis zum neunten Lebensjahr die Seele eines Kindes noch nicht in der Lage ist, den Tod und seine Bedeutung zu erfassen. Aus diesem Grund ist die Passionszeit auch für Kinder nicht als inneres Seelenerlebnis nachzuvollziehen.

Wir finden aber ein Ereignis in der äußeren Natur, das zwar nicht den Leidensweg des Christus wiedergibt, das uns aber ein Bild sein kann für Grablegung und Auferstehung. Wenn man sich einmal einen Pflanzensamen anschaut, so kann man empfinden, daß es eigentlich ein Wunder ist, daß aus diesem trockenen, zuweilen knorrig aussehenden kleinen Etwas eine neue Pflanze entstehen soll. Der Same wirkt zunächst wie etwas Totes, Abgestorbenes. Wenn man ihn nun in Erde legt und wartet, so wird man bald den ersten zarten Trieb hervorsprießen sehen; schließlich entwickelt sich daraus eine neue Pflanze, neues Leben entsteht.

Das Hineinlegen des Pflanzensamens in die Erde während der Passionszeit – gut geeignet sind Weizenkörner – und die Freude beim Aufsprießen der Pflanze zur Osterzeit hin können mit den Kindern wohl gepflegt werden; ob im Garten oder im Blumentopf, das hängt von den Verhältnissen, in denen man lebt, ab. Die Natur selbst gibt uns in dem Samen ein Bild der Grablegung und der Auferstehung des neuen Lebens.

Da Kinder bis zum neunten Lebensjahr in der Nachahmung leben, werden sie überdies all das, was der Erwachsene in dieser Zeit durchlebt, tief unbewußt mitvollziehen.

Auch wenn das Kind noch nicht in der Lage ist, den Passionsweg innerlich mitzugehen, sollte man keinesfalls alle Bilder, die von diesem Weg künden, von Kindern fernhalten.

Rudolf Steiner sagt dazu in einem Vortrag: «Es wird gewiß auch in den ersten Jahren, nachdem das Ich-

Bewußtsein erwacht ist, kein großes Verständnis da sein. Aber alles, was wir da übermitteln an Christus-Vorstellungen, ohne daß wir es in die Dogmatik hineinführen, was wir so vermitteln, daß in den Worten und Vorstellungen etwas von dem Leben des Christus-Impulses ist, das kommt dem Menschen, der aus diesem Kinde wird, in dem ganzen späteren Leben zugute. Nach dem Erwachen des Ich-Bewußtseins können wir schon einzelnes tun, wenn auch nur ein dämmerndes Bewußtsein vorhanden ist. Nach dem Erwachen des Ich-Bewußtseins sieht zum Beispiel das Kind, wenn wir auch noch nicht beginnen können, mit physischen Mitteln auf es einzuwirken, zu der Sixtinischen Madonna und zu dem Kreuze mit dem Christus daran ganz anders auf als vorher. Denn so, wie das Mysterium von Golgatha hereingetreten ist in die irdische Menschheitsentwickelung, so ist es dazu bestimmt, in den Fortschritt des Geisteslebens auf dem physischen Plane zu wirken. Und eigentlich betritt der Mensch bewußt den physischen Plan erst, wenn sein Ich erwacht.»[61]

In früheren Zeiten war es selbstverständlich, daß Kinder mit in die Kirche gingen und dort den Gekreuzigten sahen. Es ist unsere eigene Angst vor dem Tod, die uns glauben macht, man müsse dieses Thema ganz vom Kind fernhalten. Unsere eigene Unsicherheit ist es auch, die sich auf die Kinder überträgt.

Selbstverständlich wird man das Kreuzigungsbild nicht eigens für kleine Kinder aufhängen. Da man aber gerade in Familien oft viele verschiedene Altersstufen hat, sollte man, wenn man es eigentlich für richtig hält, auch dann, wenn noch ein kleineres Kind da ist, das Bild des Gekreuzigten in der Passionszeit oder vielleicht am Karfreitag durchaus aufhängen.

Schauen wir noch einmal auf den Isenheimer Altar, so sehen wir unterhalb der Kreuzigung die Grablegung. Mit welcher Liebe wendet sich der Jünger Johannes dem gequälten und geschundenen Leib des Christus zu. Grünewald zeigt im Grunde, wie der Umgang mit dem Tod sein sollte. Johannes kann uns in seiner Haltung zum Wegbereiter eines neuen Verständnisses des Todes werden.

OSTERN

Einführung

In der Zeit, in der die Lebenssäfte der Natur kräftig zu steigen beginnen, in der sich die Pflanzendecke auszubreiten beginnt, feiern wir das Osterfest, das Fest der Auferstehung Christi. Schon an der Festsetzung des Osterdatums kann die irdisch-kosmische Bedeutung des Osterfestes abgelesen werden. Das Osterdatum wurde auf den Sonntag nach dem ersten Frühlingsvollmond gelegt. Das bedeutet, daß die Sonne den Frühlingspunkt überschritten hat und somit die Tage wieder länger werden als die Nächte. Zum anderen ist das Nachtgestirn, der Mond, im Abnehmen begriffen. Darüber hinaus feiern wir das Osterfest immer an einem Sonntag, dem Sonnentag der Woche.

Der Wochenrhythmus mit seinen sieben Tagen besteht schon seit mehr als 3000 Jahren. Im jüdischen Glauben spielte und spielt der Sabbat, der Samstag, die wichtigste Rolle. Dadurch daß der Christus auferstand, als «der Sabbat um war und der erste Tag der Woche anbrach», breitete sich mit dem Christentum der Sonntag als der heilige Tag der Woche aus. Die beschriebene Festsetzung des Osterdatums gibt es seit dem Jahr 325 n. Chr.

Durch alle Turbulenzen der letzten Jahrtausende hindurch wurde der Rhythmus von sieben Tagen nicht zerstört. Zwar gab es sowohl während der Französischen als auch nach der Russischen Revolution Bestrebungen und vorübergehende Einrichtungen, die diesen Rhythmus unterbrachen; durchsetzen konnten sich diese Änderungen aber nicht. Den Sonntag als den «kleinen Auferstehungstag» der Woche feiert die christliche Menschheit also seit der Zeitenwende.[62]

Wenn man sich der Bedeutung des Osterfestes nähern möchte, so kommt man in seinem Denken sehr schnell an die Grenzen dessen, was der menschliche Verstand zu erfassen vermag. Sind wir doch mit unserem Denken an unseren Leib, an das Gehirn gebunden. Und dieser Leib unterliegt den Gesetzen der Vergänglichkeit. Bei der Auferstehung gedenken wir aber gerade jenes Ereignisses, an dem zum ersten Mal ein in einem menschlichen Leib inkarniertes göttliches Wesen die im Vergänglichen waltenden Kräfte überwindet.

Mit dem Auferstehungsgedanken werden wir unerbittlich über die Grenze der Sinneswelt hinausgeführt. Das Auferstehungsfest und die sich daran anschließenden Feste Himmelfahrt und Pfingsten rufen den Menschen auf, sich einer geistigen Welt aufzuschließen. Die Tatsache der Auferstehung Christi führt den Menschen an die Aufgabe heran, vor die die Menschheit heute gestellt ist und die von dem Erzengel Michael begleitet wird – das Suchen nach einer neuen Geist-Erkenntnis.

Das Motiv des Suchens

Das Suchen taucht in der Bibel im Zusammenhang mit dem Osterfest mehrfach als Motiv auf. Schon bei der Ankündigung der Verleugnung durch Petrus spricht Jesus vom Suchen, wenn er sagt: «Nur noch eine kurze Spanne

Zeit bin ich bei euch, und dann werdet ihr mich suchen» (Joh. 13, 33; Übers. E. Bock).

Im Johannes-Evangelium wird geschildert, daß Maria Magdalena weinend vor dem Grab steht, weil sie den Leichnam Jesu im Grab nicht gefunden hat. Da begegnet ihr Jesus selbst, erscheint ihr aber, als wäre er der Gärtner, und fragt: «Weib, was weinest du? Wen suchest du?» (Joh. 20, 15). In den anderen Evangelien sind es Engel, die von den Frauen, die zum Grab kommen, wahrgenommen werden und ihnen mitteilen, daß der, den sie suchen, nicht mehr im Grab, sondern auferstanden ist.

Dieses «Wen suchest du?» ist das zentrale Motiv des Osterfestes. Können wir uns diese Frage nicht auch stellen, wenn wir die Sinneswelt betrachten? Stellt sich nicht gerade dann, wenn die Pflanzenwelt ihr Wachstum täglich mehr ausbreitet, die Frage, welche Kräfte dieses alljährliche Frühlingserwachen bewirken? Ist nicht der trockene, dürre Same einer Pflanze wie ein Bild jenes Leibes, aus dem sich das neue Leben hervorringt? Können wir uns nicht stets aufs neue beim Betrachten der Sinneswelt aufgefordert fühlen, nach dem «Dahinter» oder dem «Darin» zu suchen?

Wir treffen damit auf dieselbe Frage, die schon im Hinblick auf Johanni und Michaeli besprochen wurde.

Mit dem Osterfest gedenken wir der Auferstehungstat des Christus. Mit dem Michaelsfest lenken wir unseren Blick auf den Menschen und auf die Kräfte, die als Früchte der Christus-Tat in der Menschheit wirksam werden wollen.[63]

Das Suchen nach jenen Kräften, die uns innerlich lebendig werden lassen, liegt dem alten Volksbrauch des Ostereier-Suchens zugrunde. In diesem Brauch kommt symbolisch die Suche nach dem neuen Leben zum Ausdruck. Das

Ei ist seit altersher Sinnbild der ewigen Wiederkehr des Lebens und der Fruchtbarkeit. Bemalte Eier wurden bereits in Gräbern aus dem 4. Jahrhundert gefunden; sie dienten als Grabbeigaben. Die Sitte, Eier zu bemalen, ist also schon sehr alt. In Zusammenhang mit Ostern wurden bemalte Eier erstmalig Anfang des 17. Jahrhunderts von einem elsässischen Handwerker schriftlich erwähnt. Das ist etwa um dieselbe Zeit, da, ebenfalls im Elsaß, zum ersten Mal der Weihnachtsbaum Erwähnung findet.

Es ist auffällig, daß seit Beginn der Neuzeit, da sich die materialistische Weltanschauung und damit auch die heutige Form des naturwissenschaftlichen Denkens auszubreiten begann, die Bildsprache in den Volksbräuchen eine immer wesentlichere Rolle zu spielen scheint. Denken wir an die Krippenspiele, an das Aufstellen von Krippen, an den Weihnachtsbaum oder auch an Bräuche in Zusammenhang mit dem Nikolaus. All diese Bräuche beginnen mit dem ausgehenden Mittelalter in den Festgestaltungen der Menschen eine Rolle zu spielen.

Woher mögen diese Bilder gekommen sein, und welche Aufgabe hatten sie? Wurde ihnen eine ähnliche Aufgabe zugedacht wie den Märchen? Rudolf Steiner weist darauf hin, daß die Märchen aus den Mysterienstätten des Mittelalters stammen und als eine Art Gegenkraft zu der zunehmenden Vermaterialisierung des Denkens verbreitet wurden.[64]

Es muß dahingestellt bleiben, ob den Sinnbildern, die die Menschen nun verstärkt mit den christlichen Festen verbanden, eine ähnliche Rolle zukommt wie den Märchen. Fest steht aber, daß der unmittelbar bildhafte Eindruck, den der festlich geschmückte Tannenbaum oder das Suchen der Ostereier machen, in starkem Maße das Gemüt des Menschen anspricht. Während der Verstand immer eine gewisse kühle Distanz zu dem von ihm Aufgenommenen wahrt, sprechen Bilder viel unmittelbarer die tieferen Schichten unserer Seele an.

Während die Menschheit also in verstärktem Maße das abstrakte Denken heranbildete, wirkten zugleich die sich ausbreitenden Volksbräuche in besonderer Weise auf die Gemüthaftigkeit der Seelen.[65]

Das Bild des Ostereies

Wenden wir uns wieder dem Osterei zu als dem Sinnbild der ewigen Wiederkehr des Lebens, der Auferstehungskräfte des Lebens. Die harte Schale umschließt die Substanz des Eies, aus der sich das neue Leben heranentwikkelt, das dann, wenn der Zeitpunkt gekommen ist, diese äußere Schale sprengt und als tote Hülle zurückläßt. Das Geborenwerden aus dem Ei kann uns unmittelbar an den Prozeß erinnern, den die menschliche Seele beim Verlassen des Leibes vollzieht. Der Leib bleibt als tote Hülle zurück. So wird die Geburt zum Bild des Todes oder umgekehrt, der Tod zum Bild einer Geburt. Darin aber liegt das Ostergeheimnis: im Tod die neue Geburt wahrzunehmen.

Das Ei versinnbildlicht Ähnliches wie der Samen. Wenn wir die Entwicklung eines Samens, zum Beispiel eines Sonnenblumenkerns, anschauen, können wir beobachten, daß sich der Kern gänzlich in die neue Pflanze hinein metamorphosiert, während die äußere Schale abgesprengt wird.

Diese völlige Verwandlung des ursprünglichen Samenkernes oder auch des Ei-Inhaltes ist sicher das schönste Bild, das uns die Natur für das Osterereignis geben konnte. Die ursprüngliche Substanz opfert sich vollständig in das neu entstehende Lebewesen hinein. Sie läßt nichts zurück, außer der leblosen Schale.

Da Farben, ebenso wie die Bildsprache, die unbewußteren Schichten der Seele ansprechen und da gerade durch Farben in besonderer Weise Seelisches zum Ausdruck kommen kann, erscheint es nur natürlich, daß die Menschen die Eier anmalten. Gebietsweise beschränkte man sich ganz auf das österliche Rot als Sinnbild des Blutes Christi. Verbreiteter aber war die Sitte, die Eier farbig oder mit Ornamenten verziert zu gestalten. Ein weiterer Gesichtspunkt zur farbigen Gestaltung der Ostereier folgt im Verlauf dieser Ausführungen.

Der Osterhase und das Ei

Gegen Ende des 17. Jahrhunderts verband sich die Sitte des Eier-Suchens mit der Gestalt des Osterhasen – ebenfalls aus dem Elsaß überliefert. Was hat es damit auf sich?

Der Hase spielte schon in der germanischen Mythologie als Begleiter der Fruchtbarkeitsgöttin Ostara eine Rolle. Da er als eines der fruchtbarsten Tiere gilt, wird sein Zusammenhang mit dem Frühlingsfest unmittelbar einsichtig.

Eine weitere Eigenschaft des Hasen, die ihn als Symbolgestalt des Osterfestes geeignet macht, ist sein Verhalten bei der Flucht. Es kann beobachtet werden, daß ein Hase den anderen bei der Flucht vor einem Feind ablöst. Von da mag der noch bekannte Ausdruck kommen: «für jemanden ins Feld springen». Bei Gesprächen über dieses Gebaren des Hasen entsteht zuweilen Streit darüber, ob darin wirklich Opferbereitschaft und Selbstlosigkeit gesehen werden können. An der modernen Verhaltensforschung orientierte Menschen halten einem vielleicht entgegen, daß der einspringende Hase keinesfalls freiwillig für den Flüchtenden ins Feld springe, sondern, im Gegenteil, auf höchst «unfreundliche» Art, nämlich durch Trommeln mit den Hinterläufen, von dem verfolgten Artgenossen aus seiner Sasse verjagt werde, somit also krasser Egoismus im Spiel sei.

Durch solche Argumente versetzt man nun aber Begriffe in die Tierwelt, die dort mit Fug und Recht nicht angewendet werden können; denn Freiheit, Selbstlosigkeit oder auch nur eine Art motivierten Handelns setzen voraus, daß man über ein denkendes Ich verfügt. Das Tier aber wird nicht aus Selbstlosigkeit oder aus einer Überlegung heraus aktiv, sondern aufgrund seines ihm angeborenen Instinktes. Wenn wir also die menschlichen Eigenschaften und Fähigkeiten, die im beschriebenen Falle dem Hasen unterstellt werden, streichen und statt dessen nur die Geste als solche, die der Gattung Hase offensichtlich als instinktives Sozialverhalten das Überleben erleichtert, betrachten, so besteht das Faktum weiter, daß ein Hase für den anderen «ins Feld springt». Diese Geste mag mit dazu beigetragen haben, daß der Hase als ein Tier angesehen wurde, das sein Leben für einen anderen Hasen einsetzt. Es kann also nicht darum gehen, den einzelnen Hasen, der einmal der Flüchtende und ein andermal der ins Feld Springende sein mag, zu betrachten, sondern das Sozialverhalten der Gattung Hase. Dieses Sozialverhalten, als reine Geste betrachtet, kann zum Bild der Opferkräfte werden, die mit dem Osterfest zusammenhängen.

Es ist auffallend, daß in buddhistischen Legenden immer wieder der Hase als ein Tier auftaucht, das sich hinopfert. In den Vorträgen über das Lukas-Evangelium[66] erwähnt Rudolf Steiner zwei Legenden, in denen Buddha sich in einen Hasen verwandelt, um sich dann selbst als

Speise für einen Brahmanen hinzuopfern. Daraufhin wird das Bild des Hasen in den Mond hineinversetzt. Dort können wir ihn heute noch als den «Hasen im Mond» sehen.

Eine Hindu-Legende, in der die Beziehung des Hasen zum Mond und die besonders ausgeprägte Opferwilligkeit dieses Tieres eine wesentliche Rolle spielen, soll hier wiedergegeben werden.

«Die Legende von den drei Hasen»

Es waren einmal drei Hasen, die jeden Tag zum lieben Gott um die Erfüllung ihres Herzenswunsches beteten: dereinst in den Himmel zu kommen.

Der erste Hase hatte ein braunes Fell, der zweite war weißgefleckt, der dritte war weiß und hieß «Schnee». Die drei Hasen hingen sehr aneinander, und was einer tat, taten die anderen beiden auch. Viele Stunden waren dem Gebet geweiht, aber um nicht zu verhungern, mußten sie auch für ihre Nahrung sorgen. In ihren drei Höhlen lebten sie so viele Jahre ihr gottesfürchtiges Leben. Ihre Gebete reichten bis in den Himmel, und Gott beschloß, ihre Frömmigkeit zu belohnen. Doch obwohl er sie kannte, wollte er sie auf die Probe stellen. Also sprach Gottvater zum Mond: «Du brauchst heute Nacht erst um zwölf Uhr zu scheinen, gehe also davor ins Himalajagebirge, suche die drei Hasen und bitte einen jeden, deinen Hunger zu stillen. Wenn du bei allen dreien gewesen bist, komm dann zurück und berichte mir.»

Der Mond gehorchte und ging zuerst zum braunen Hasen. Der bereitete sich gerade seine Mahlzeit, und als er sah, daß der Mond vor seiner Höhle stand, lud er ihn freundlich ein, das Mahl mit ihm zu teilen.

Der Mond bedankte sich und ging zum zweiten Hasen. Als der jemanden kommen hörte, rief er aufgeweckt: «Willkommen, Freund!» Als der Mond ihm erzählte, warum er gekommen sei, sagte der Hase: «Gerne würde ich dir etwas zu essen geben, aber ... ich habe heute zu lange gebetet und darum vergessen, mir etwas zu essen zu machen. Wenn du einen Moment wartest, hole ich etwas.» Und als er etwas zusammengesucht hatte, gab er alles dem Mond. Danach kam der Mond zuletzt zum dritten Hasen, zu Schnee. Er mußte mehrmals anklopfen, doch endlich kam der Hase, der in ein tiefes Gebet versunken gewesen war, und begrüßte ihn.

«Ich suche jemanden, der mir etwas zu essen geben kann», sagte der Mond. «Nach der langen Reise über die verschneiten Gipfel bin ich sehr müde und hungrig.»

«Ruhe dich ein wenig aus», sagte Schnee, «in der Zwischenzeit werde ich versuchen, etwas für dich heranzuschaffen.»

Der Mond hockte sich in den Eingang der Höhle. Der Hase durchsuchte inzwischen seine Vorratskammer. Doch o weh! Schon seit Tagen hatte er keine Nahrung mehr gesucht, so tief war er in Gebete versunken gewesen. Schnee dachte an ein Sprichwort: «Wer einen Gast beherbergt, ihm den Hunger nicht stillt und den Durst nicht löscht, der hat vergebens zu Gott gebetet.» Was sollte der arme Hase nun machen? In diesem schwierigen Moment hatte er einen erlösenden Einfall. Er ging nach draußen, entzündete ein Feuer und lud den Gast ein, es sich bei den lodernden Flammen gemütlich zu machen. Dann sagte er: «Herr, ich habe in den letzten drei Tagen so viel gebetet, daß ich keine Nahrung suchen konnte, also habe ich auch nichts im Haus, was ich Euch anbieten könnte.»

Der Mond antwortete ärgerlich: «Dann gehe ich wohl wieder, und an deinem Feuer will ich auch nicht sitzen.»

«O bleibt, bitte!» rief Schnee. «Ist es Euch gleich, welches Fleisch ich Euch anbiete?»

Der Mond antwortete: «Da ich nun sehe, wie ernst du es meinst, werde ich jedes Stück Fleisch essen, das du mir anbietest.»

«Wohlan», sagte Schnee erfreut. «Doch da ich nichts anderes habe als mich selbst, werde ich nun meinen eigenen Leib ins Feuer werfen, dann habt Ihr ein Mahl, Euren Hunger zu stillen!»

«Nein!» rief der Mond erschrocken. «Nein, tu das nicht!»

Aber es war zu spät. Bevor der Mond es verhindern konnte, war der Hase schon in die Flammen gesprungen. Kein Schrei ertönte, der selbstgewählte Tod wurde von keinem Geräusch begleitet.

Nach dieser dritten Begegnung flog der Mond zurück zum Himmel. Dort fand er in Gottes Schoß einen schönen weißen Hasen, und Gott sprach: «Siehe diesen Hasen, Mond, der sich opferte und für dich ins Feuer sprang. Wie soll ich seine Selbstaufopferung belohnen?»

Da bat der Mond: «Herr, gebt mir den Hasen zum Freund und Gefährten. Ich werde ihn stets bei mir haben, wohin ich auch gehe.»

«Deine Bitte sei erhört», antwortete der Vater. «Wenn du deinen Glanz auf die Erde niederstrahlst, dann laß den Hasen mit dir glänzen, so daß alle Menschen ihn sehen und sich an seiner Frömmigkeit und seiner Selbstaufopferung ein Beispiel nehmen können.»

Seit dem Tage kann man den Hasen im silbernen Licht des vollen Mondes sehen, doch am allerbesten sieht man ihn, wenn im Frühling der Ostermond am Himmel steht.[67]

Beim Lesen dieser Legende kann man sich fragen, weshalb Gott-Vater gerade den Mond zu den Hasen schickt.

Nun weisen solche Legenden, die wahrscheinlich alle aus dem indischen Raum stammen, sicherlich auf tiefste Geheimnisse der Menschheitsentwicklung hin. Ein Verständnis der geschilderten Bilder fällt uns heute wohl schwerer als je zuvor. Dennoch können wir uns ahnend an den Sinn solcher Bilder herantasten.

Es ist im Grunde recht merkwürdig, daß in der Hindu-Legende ausgerechnet Hasen das meditative Leben üben. Das weist uns eigentlich schon darauf hin, daß damit nur eine Fähigkeit gemeint sein kann, die im Menschen selbst ruht, denn kein Tier wäre in der Lage zu meditieren. Zum Meditieren bedarf es des menschlichen Bewußtseins, des menschlichen Ich – ja, unser Bewußtsein entwickelt sich gerade durch die Meditation zu seinen höchsten Stufen hinauf. Wir müssen eine solche Legende aber auch in dem kulturellen Zusammenhang sehen, aus dem heraus sie entstanden ist.

Welchen Sinn mag es haben, daß in der erwähnten Legende dem Mond eine so entscheidende Bedeutung zukommt?

Dem Mond werden starke Einflüsse auf die Wachstums- und Vererbungskräfte der Erde zugeschrieben. So wurde früher die Schwangerschaftszeit der Frau nach Mondmonaten berechnet. Die Vererbungskräfte spielten in früheren Kulturen eine viel bedeutendere Rolle als heute. Gerade in Indien hat dieser Einfluß bis in unser Jahrhundert hinein das soziale Leben sehr stark geprägt – seinen sichtbaren Ausdruck findet dies im Kastenwesen. Die Würde des einzelnen, das individuelle Ich, war noch nicht so bedeutend wie der Vererbungsstrom, aus dem ein Mensch stammte. Mit anderen Worten, die Ich-Kräfte, die ja durchaus in den Menschen schlummerten, lebten noch sehr stark in dem Vererbungsstrom, in dem, was aus der Blutsverwandtschaft gegeben war; sie ordneten sich diesen Einflüssen unter.

Erst mit der Zeitenwende begann das Licht des Einzel-Ich, das Sonnenhafte, sich mehr und mehr aus diesen Bindungen zu lösen. Zu diesem Zeitpunkt hat die Christus-Wesenheit den entscheidenden Ich-Impuls in den menschlichen Entwicklungsgang hineingetragen. In diesen Zusammenhängen ist auch die Festsetzung des Osterdatums zu sehen: Die Mondenkräfte sind im Abnehmen, das Sonnenlicht beginnt seine Macht voll zu entfalten.

Daß der Hase sich dem Mond opfert, könnte zu den hier angedeuteten Entwicklungsgesetzmäßigkeiten der Menschheit in Beziehung gebracht werden. Von diesem Standpunkt aus betrachtet, wäre der Hase als Bild des menschlichen Ich innerhalb der Entwicklungsepochen der Menschheit anzusehen.

Aus dem Verhalten der Hasen können wir ablesen, daß es sich hierbei nicht um das gewöhnliche, zum Egoismus neigende Alltags-Ich handeln kann, sondern, und das gilt insbesondere für den dritten Hasen der Hindu-Legende, um das zur völligen Selbstlosigkeit hinaufentwickelte Ich.

Betrachten wir nun zwei Märchen, in denen ebenfalls der Hase eine Rolle spielt: In dem Grimmschen Märchen *Die zwei Brüder* weiß der Hase um eine Wurzel, die in einem Berge wächst und alles Tote wieder lebendig sowie alles Kranke gesund machen kann. Diese Wurzel muß der Hase herbeiholen, um den enthaupteten Königssohn wieder lebendig zu machen. Schafft der Hase es nicht in der ihm zugemessenen Zeit, so soll es ihn das Leben kosten.

Dieses Märchen spricht also einen Zusammenhang des Hasen mit jenen Kräften an, die den Tod zu überwinden vermögen. Sein Leben wird nur dann geschont, wenn er diese Wurzel herbeibringt, die die Verwandlung des Toten in das Lebendige bewirkt.

In dem georgischen Märchen *Der Löwe und der Hase*,[68] in dem einem Löwen täglich ein Tier zum Fraß geopfert werden muß, überlistet der Hase den Löwen, indem er diesem weismacht, er habe ihm einen anderen Hasen zum Opfer bringen wollen, dieser jedoch sei von einem fremden Löwen gestohlen worden, der sich mit dem Hasen in einem nahen Brunnen versteckt habe. Er bittet den Löwen, ihn auf den Arm zu nehmen und mit ihm zu dem besagten Brunnen zu gehen. Als sie nun in den Brunnen hinabsehen, erblickt der Löwe im Spiegel des Wassers einen Löwen, der einen Hasen auf dem Arm trägt. Er schleudert wutentbrannt den Hasen fort und stürzt sich auf den angeblichen Rivalen. Dabei ersäuft er jämmerlich.

Bezeichnend scheint mir, daß der Hase um die Beschaffenheit des Spiegels weiß. Der Hase erkennt sich selbst im Spiegelbild des Wassers, der Löwe erkennt sich nicht. Nur kraft unseres Ich vermögen wir uns zu spiegeln, uns selbst zu erkennen. Dieses Märchenbild deutet auf diese menschliche Qualität in Gestalt des Hasen hin.

Auch in dem Märchen *Die zwei Brüder* leuchtet dieses Motiv auf. Der Königssohn wurde enthauptet, nachdem die Tiere, die ihn bewachen sollten, eingeschlafen waren. Der Hase ist der einzige, dem keine Ausrede für sein Einschlafen gestattet wird. Er muß für seinen Fehler geradestehen und sein Versäumnis wieder gut machen. Geht es unserem Ich in seinem Schicksalsgang nicht ebenso?

Wenn wir in solcher Art das Bild des Hasen in den Mythologien der Völker aufsuchen, kann deutlich werden, daß wir es mit einem Bild für das menschliche Ich zu tun haben.

Als Ich-begabte Wesen stehen wir in einer besonderen Verantwortung in der Welt. Durch unser Ich sind die Kräfte der Verwandlung in unsere Seelen hineingelegt. Finden können wir sie nur, wenn wir uns auf die Suche danach begeben. Ein Aufruf dazu ist das Osterfest, kann uns auch das Brauchtum des Osterfestes sein, wenn wir es in rechter Weise verstehen.

Nun wird das Bild des Hasen besonders in östlichen Legenden in einen Zusammenhang mit den Mondenkräften gebracht. Der Mondeneinfluß auf die Wachstums- und Vererbungskräfte wurde bereits erwähnt. Rudolf Steiner weist auf diese Mondenwirkungen in verschiedenen Vorträgen hin und bespricht auch die Verschiedenheit von Monden- und Sonnen-Kräften.[69]

Die Beziehung des Hasen zum Mond ergibt sich nicht nur aus den erwähnten östlichen Legenden, sondern kann auch bemerkbar werden anhand der besonderen Eigenheiten des Hasen. Der Hase ist unstrittig eines der fortpflanzungsfreudigsten Tiere, steht also in einer besonderen Beziehung zu den Vererbungskräften.

So wird also der Hase als ein Tier, das in ganz besonders starkem Maße über Fortpflanzungskräfte verfügt, in einen Zusammenhang mit dem Gestirn gebracht, das auf diese Kräfte Einfluß hat.

Auch das Ei hat diese dem Mond zugehörige Seite. Die Menschen haben dem Ei als Ostersymbol ein Element hinzugefügt, das es deutlich von einem gewöhnlichen Ei unterscheidet – die farbige Gestaltung. «Die Farben», so sagt Goethe im Vorwort zur *Farbenlehre*, «sind Taten des Lichts, Taten und Leiden.»[70] Es ist das Lichthafte, das Sonnenhafte, das in der Farbe lebt und aus einem gewöhnlichen Ei ein Osterei macht. Und so weist uns das Osterei auf diese andere Seite unseres Daseins hin, nämlich auf die Sonnenkräfte.

Von der Beziehung des Eies zur Sonne wird auch in dem finnischen Epos *Kalevala*[71] im Zusammenhang mit der Weltenschöpfung erzählt. Hier entsteht der gesamte Kosmos aus sieben Eiern:

> Aus des Eies untrer Hälfte wird die Mutter Erde unten,
> Aus des Eies obrer Hälfte wird der hohe Himmel oben;
> Aus dem obren Teil des Gelbeis wird die Sonne weithin strahlend,
> Aus dem obren Teil des Weißeis wird der Mond mit mildem Glanze;
> Was gesprenkelt in dem Ei ist, wird zu Sternen hoch am Himmel,
> Das, was dunkel in dem Ei ist, wird zu Wolken in den Lüften.

Das Sonnenelement, das nach der *Kalevala* aus dem Gelben des Eies entsteht, drückt sich bei der Gestaltung der Ostereier in der Farbe aus, wird durch die Farbe in besonderer Weise hervorgehoben.

Während uns der Hase zum Sinnbild der dem Mondenhaften verwandten Kräfte werden kann, begegnet uns im Bilde des farbigen Ostereies ein Hinweis auf das Sonnenhafte unserer Welt. Die Mondenkräfte und ihre Beziehung zu dem Vererbungsstrom weisen uns auf die aus der Vergangenheit überkommenen Fähigkeiten. Die Sonne hingegen impulsiert unseren Willen, führt uns in das tägliche Tätigsein hinein, durch das wir die Zukunft gestalten.

Christus hat sich in den Menschheitsvererbungsstrom hineingestellt. Das deutet sowohl das Lukas- wie auch das Matthäus-Evangelium in den Stammbäumen an. Aber er hat diese Kräfte, durch die wir in das Erdendasein hineinkommen, durch die Auferstehung überwunden. Aus der alten Welt, aus dem Vererbungsstrom der Menschheit bricht hervor ein völlig neues, die Zukunft der gesamten Menschheit veränderndes Licht – das Auferstehungslicht des Christus.

Das wunderbar Lichthafte dieser Ereignisse finden wir dargestellt in dem Auferstehungsbild des Isenheimer Altars. Aus dem Erdendunkel heraus vollzieht der Auferstandene die lichthafte Verwandlung. Dieses Lichtelement kleidet Grünewald in Farben, die wie ein Sonnenkreis die Gestalt des Christus umstrahlen.

Zu einem – wenn auch bescheidenen – Symbol kann uns der Osterhase werden, wenn er, selbst in den Hintergrund tretend, die farbigen Ostereier bringt.

So wie das Osterdatum bereits auf den Sieg der Sonne im Jahreslauf hinweist, so weist uns die Sitte, Ostereier an grünenden Zweigen aufzuhängen, ebenfalls auf diesen Sieg der Sonnenkräfte und das neu erstehende Leben hin.[72]

Osterwasser

Eine weitere, aus Nord- beziehungsweise Ostdeutschland stammende Sitte zu Ostern, die heute mancherorts wieder aufgegriffen wird, ist das Holen des Osterwassers.[73]

Man geht in der Osternacht, also vor Sonnenaufgang, schweigend zu einer Quelle oder zu einem fließenden Wasser, um daraus Osterwasser zu schöpfen. Diesem Wasser wurde Heilkraft zugesprochen, aber nur dann, wenn es schweigend geholt wurde. «Plapperwasser», so hieß es, nützt nichts.

In diesem Brauch kommt zum Ausdruck, daß die Menschen früherer Zeiten eine selbstverständliche Beziehung zu der Verwandlung hatten, die durch die Auferstehung mit der ganzen Erde vor sich geht. Ganz real wurde die Verbindung des Christus-Wesens mit der Erde erlebt. An der Festsetzung der Zeit, nämlich vor Sonnenaufgang, mag man ablesen, daß dieses Wasser nicht von den Kräften der äußeren Sonne, sondern von den Kräften des nunmehr mit dem Erdensein verbundenen Sonnenwesens durchdrungen sein sollte. In diesem fast vergessenen Osterbrauch webt etwas von jenem Motiv mit, das wir auch in dem Grimmschen Märchen *Das Wasser des Lebens* finden.

Das Schweigen beim Holen des Osterwassers weist darauf hin, daß nur in der allerintensivsten inneren Sammlung die darin waltenden Kräfte erlangt werden können. Auch in der Hindu-Legende von den drei Hasen geht die Kraft der inneren Sammlung der Opferfähigkeit voraus. In den Bräuchen alter Zeiten leben diese Einsichten weiter, werden in Bildern zum Ausdruck gebracht. Diese Bilder können heute nur dadurch wieder innere Kraft gewinnen, daß wir die großen Gedanken, die sich in sie hineinverdichtet haben, neu verstehen lernen.

Auferstehung Christi.
Mathis Gothart Grünewald um 1513/15.
Isenheimer Altar. Unterlindenmuseum, Colmar.

HIMMELFAHRT – PFINGSTEN

Betrachtet man die bisher besprochenen Jahresfeste im Zusammenhang, so kann man eine auffällige Beobachtung machen.

Zu den Festen, die innerhalb der kalten Jahreshälfte liegen, in der die Natur ihr Leben ganz zurückzieht, finden wir eine Reihe von Sinnbildern, die sich im Brauchtum bis heute erhalten haben.

Die Feste dagegen, die mit der reichen Entfaltung der Natur einhergehen, scheinen nur wenig Symbole und Bräuche zu kennen. Können wir daraus schließen, daß für diese Feste die Natur selber als Gleichnis, als Sinnbild anzusehen ist?

Das Osterfest, das am Beginn des neuen aufsprießenden Lebens in der Natur liegt, hat, wie wir feststellen konnten, auch noch Sinnbilder, die nicht unmittelbar aus dem Leben der österlichen Natur genommen sind. Man denke etwa an das Osterei. Das ist bei den auf Ostern folgenden Festen Himmelfahrt[74] und Pfingsten anders.

Wo liegt die eigentliche Bedeutung des Himmelfahrtsfestes? Weihnachten ist uns als das Fest der Geburt besonders nahe, die Passions- und Osterzeit mit der Spanne von Tod und Auferstehung führt uns bereits über die Grenze der Sinneswelt hinaus und fordert ein neues Verständnis der Welt, ein neues Denken; Himmelfahrt und Pfingsten aber können gar nicht mehr verstanden werden, ohne daß dieses neue, vom Osterfest herausgeforderte Denken sich impulsieren läßt von dem Willen, rein geistige Vorgänge verstehen zu wollen. Wie Himmelfahrt und Pfingsten rein zeitlich vom Osterfest abhängig sind, so ist ein Verständnis dieser Feste abhängig von der Auferstehung des menschlichen Denkens aus dem Todesbann der rein materialistischen Denkungsart.

Das Himmelfahrtsfest ist das erste Fest nach der Winterzeit, das wieder im Zeichen der machtvoll entfalteten Natur stattfindet.

Vierzig Tage lang ist der Auferstandene unter den Jüngern gewesen. Nun aber, vierzig Tage nach der Auferstehung, wird er ihrem Wahrnehmungsvermögen entzogen: «Und da er solches gesagt, ward er aufgehoben zusehends, und eine Wolke nahm ihn auf vor ihren Augen weg» (Apostelgesch. 1,9). Die Bibel selbst lenkt unseren Blick auf ein Naturphänomen, auf die Wolken.

Betrachten wir die Wolken zunächst einmal rein äußerlich. Durch Wärme verdampft Wasser in die Luft. Die Luft steigt in höhere Schichten auf, dort wird es kälter, die Feuchtigkeit kondensiert und verdichtet sich zu den Wolkengebilden.

Wolken findet man im wesentlichen nur im näheren Umkreis der Erde, in der sogenannten Troposphäre. Die extremen Temperaturschichten unserer Atmosphäre verhindern, daß die Feuchtigkeit in den Weltenraum hinein verdampft. Statt dessen entstehen Wolken, die durch den Regen die Erde erst zu einem fruchtbaren, lebendigen Planeten machen.

Im Zusammenwirken von Wärme beziehungsweise Kälte und Wasser entstehen die Wolken. Das Wasser strebt nach oben, der Sonne entgegen, wird aber aufgehalten von den Luftschichten unserer Atmosphäre, verdichtet sich wieder und fällt dann als Regen (oder Hagel beziehungsweise Schnee) wieder zur Erde zurück. Ohne Wasser wäre die Erde ein toter Planet.

In dieses Lebenselement, das die Erde als Wolken umwandert, wird der Christus am Himmelfahrtstag aufgenommen.

Spricht die Bibel nicht in einem gewaltigen Bild, wenn sie zum Ausdruck bringt, daß Christus von einer Wolke aufgenommen wurde? Er hat die Erde erlöst von den Todeskräften, er bindet die Erde wieder an die Lebenskräfte an, er ist, um wieder im Bild zu sprechen, das erste Wesen in Menschengestalt, das nach der Vertreibung aus dem Paradies vom Baum des Lebens ißt.

Wie die Erdatmosphäre das Wasser zu Wolken verdichtet und somit der Erde erhält, so erhält das Christuswesen der Erde die lebendige Kraft des Lebens. Sein Wesen wird dabei selbst atmosphärisch groß und weit. Dadurch wird er für das Wahrnehmungsvermögen der Jünger unsichtbar. Die Bibel deutet im Bild der Wolke an, daß die Christuswesenheit sich nicht aus dem Erdenbereich zurückgezogen hat, sondern erst jetzt die Erde ganz umspannt und durchdringt.

Mit dem Osterfest und dem vorangehenden Karfreitag wird unser Blick auf die Verbindung des Christus mit der mineralischen Substanz der Erde gelenkt. Sein Grab aus Felsen deutet darauf hin. Durch das Erleiden des Todes verbindet sich der Christus mit dem physisch-irdischen Bereich der Erde. Der Erde zugehörig ist aber nicht nur das Mineralische, sondern auch das Lebendige, das im Pflanzenreich seinen deutlichsten Ausdruck findet und im Wasser sein Element hat.

Himmelfahrt Christi.
Gebetbuch des Michelino da Besozzo, um 1410.
New York, Pierpont Morgan Library.

In der vierzigtägigen Spanne von Ostern bis Himmelfahrt, so scheint uns die Bibel sagen zu wollen, verbindet sich die Christus-Wesenheit mit dem physisch-lebendigen Erdorganismus, dem auch das Menschenreich angehört.

Zunächst wollen wir den Blick noch auf die Natur zur Himmelfahrtszeit wenden.

Himmelfahrt ist im eigentlichen Sinne das Blütenfest der Natur. Es sind vor allem die Obstbäume, die zu dieser Zeit ihr Blütenmeer verströmen. Haben wir auf der einen Seite das Bild der Wolke am Himmel, so finden wir in dem Blütenschaum der Obstbäume eine Art Gegenbild dazu. Wie ein duftendes und wogendes Wolkenmeer scheint die Obstblüte die Erde einzuhüllen.

Die Erde atmet wieder aus, verströmt ihr Wesen in den Umkreis hinein.

Erdengeistigkeit und kosmische Geistigkeit nähern sich einander. Von dieser Vereinigung spricht Joseph von Eichendorff in seinem Gedicht *Mondnacht:*[75]

Es war, als hätt der Himmel
Die Erde still geküßt,
Daß sie im Blütenschimmer
Von ihm nun träumen müßt.

Die Luft ging durch die Felder,
Die Ähren wogten sacht,
Es rauschten leis die Wälder,
So sternklar war die Nacht.

Und meine Seele spannte
Weit ihre Flügel aus,
Flog durch die stillen Lande,
Als flöge sie nach Haus.

Die Seele weitet sich wieder, öffnet sich und scheint Flügel zu bekommen. Es wird heimatlich auf der Erde. Jeder Mai, in den der Himmelfahrtstag, und sehr oft auch das Pfingstfest, so gut wie immer fällt, scheint die Erde an die Paradieseszeit zu erinnern. Alles ist frisch und licht.

Fast möchte es scheinen, als wolle die Natur uns eine Sehnsucht einpflanzen, diesem Zustand auch innerlich zuzustreben.

An Himmelfahrt vollendet das Christuswesen seine Erdenmission, an Pfingsten werden die Jünger der Frucht dieser Erdenwirksamkeit für den Menschen teilhaftig. Die Jünger, die ihn zunächst durch den Tod verloren zu haben glaubten, die dann ein zweites Mal bei der Himmelfahrt das Empfinden haben mußten, ihn verloren zu haben, sie sind es, die an Pfingsten seine Wirksamkeit aufs neue erfahren.

Sie hatten sich in dem Schmerz, ihn nicht mehr wahrnehmen zu können, zurückgezogen; sie waren an *einem* Ort versammelt, als sie nach zehn Tagen die Taufe mit Feuer und Geist erfuhren. Und nun war es ihnen möglich, so über den Christus zu sprechen, daß jedermann es verstehen konnte, sie vermochten jedes Menschen Herz und Empfinden zu erreichen. Das will uns die Bibel mit den Worten sagen, daß sie «in fremden Zungen» (Übers. E. Bock) sprachen. Die Bibel gibt von diesem Pfingstwunder das Bild der feurigen Zungen, die sich auf die Häupter der Jünger setzen. Führen wir uns noch einmal die Ereignisse vor Augen.

Der Auferstandene war ihren Blicken, ihrem Wahrnehmungsvermögen mit der Himmelfahrt entzogen worden. Sie blieben aber beieinander, versammelten sich in seinem Geiste. Man kann wohl nur erahnen, welchen Schmerz es für sie bedeutete, den Mittelpunkt ihres Lebens verloren zu haben. Aus diesem Schmerz heraus aber wird nach zehn Tagen das Pfingstereignis geboren. Er ist zwar ihren

Blicken entzogen, doch nun befeuert und impulsiert er ihr Tun, ihr Wirken. Sie fühlen seine Kraft sich einsenken in ihre Willensnatur, und damit beginnen sie, befeuert und beseelt von der Kraft des Heiligen Geistes, mit der Verbreitung des Christentums. Wie kann man eine solche Impulsierung des Menschen-Ich anders beschreiben als im Bild des Feuers? Sprechen wir nicht auch davon, befeuert zu sein, wenn unser ganzes Wesen sich einer Sache tätig hingibt?

Manche Blüten ziehen, nachdem sie sich der Sonne hingegeben haben, ihre Blütenblätter wie im Schmerz zusammen, damit die Frucht entstehen kann; so kann auch die Menschenseele Himmelfahrt und Pfingsten im Jahreslauf empfinden.

Besonders schön ist dieser Prozeß beim Löwenzahn zu beobachten. Aus der Knospe entfalten sich die Bütenblätter wie eine Sonne. Eine Löwenzahnwiese ist wie eine leuchtende Antwort der Erde auf das Sonnenlicht. Nach und nach ziehen die Blütenblätter sich wieder zusammen. Und endlich öffnet sich abermals die einstige Blüte, aus der ehemaligen Sonnenblütenscheibe wird ein Samenball, ein zarter Kosmos aus feinstem Samenhauch. Wie kleine Fallschirme fliegen diese Samen, vom Wind getrieben, durch die Lüfte, um sich dort, wohin sie getrieben wurden, zur Erde zu senken. Dort ruhen sie, bis im nächsten Frühjahr ein neuer Löwenzahn daraus entsteht. Wie ein Gleichnis für das Himmelfahrts- und Pfingstereignis kann uns diese Blume erscheinen.

Zuerst strahlt sie der Sonne entgegen, gibt sich ganz dem Lichte hin. Wenn die Sonne untergeht, schließt sie die Blüte, als nehme sie schon in den Nächten etwas von ihrem weiteren Werden voraus. Um aber den Samen entwickeln zu können, muß sie sich dem Sonnenlicht für eine

Zeit ganz verschließen, muß ihre Blütenblätter wieder fest zusammenziehen.

Das ist der Zustand, der zum Himmelfahrtsfest gehört. Das Christus-Wesen entzieht sich den Blicken der Jünger. Sie verlieren die Wahrnehmungsfähigkeit für sein immer größer werdendes Wesen. Sie ziehen sich zurück an einen gemeinsamen Ort, scheinbar verlassen vom Lichte des Christus. Aus diesem unendlichen Schmerz heraus aber entwickeln sie die Kraft, die Wirksamkeit des Christus auf neue Art zu erfahren. Jetzt durchströmt seine Feuerkraft ihr ganzes Wesen, und jetzt erst vermögen sie, das Christentum in alle Welt auszusäen.

In einem Gedicht und einer aphoristischen Niederschrift spricht Rainer Maria Rilke über diesen schmerzvollen Zustand der Seele, durch den das Neue in uns geboren werden kann:

> Sie wollten blühn,
> und blühn ist schön sein; doch wir wollen reifen,
> und das heißt dunkel sein und sich bemühn.

«Wäre es uns möglich, weiter zu sehen, als unser Wissen reicht, und noch ein wenig über die Vorwerke unseres Ahnens hinaus, vielleicht würden wir dann unsere Traurigkeiten mit größerem Vertrauen ertragen als unsere Freuden. Denn sie sind die Augenblicke, da etwas Neues in uns eingetreten ist, etwas Unbekanntes.

Und darum ist es so wichtig, einsam und aufmerksam zu sein, wenn man traurig ist: weil der scheinbar ereignislose und starre Augenblick, da unsere Zukunft uns betritt, dem Leben so viel näher steht als jener andere laute und zufällige Zeitpunkt, da sie uns, wie von außen her, geschieht.»[76]

Auch der Löwenzahn muß sich eine Zeitlang dem Licht verschließen. Er verdunkelt sich gegenüber dem Sonnenlicht, wie sich das Bewußtsein der Jünger für die Christus-Wesenheit verdunkelte.

Aus diesem Prozeß des sich Zusammenziehens aber entstehen beim Löwenzahn die Samen, die nun mit dem Wind in alle Welt fliegen, wie einst durch die Frucht des Pfingstfestes das Christentum seine Ausbreitung in alle Welt erfuhr.

Wie das Himmelfahrtsfest blütenverwandt ist, so hat das Pfingstfest eine Beziehung zum Entstehen von Frucht und Samen. Ein wahrhaft erlebtes Pfingstfest bedeutet, daß das Christuswirken im Menschenstreben fruchtbar wird.

Damit krönt im gewissen Sinne das Pfingstfest den Jahreslauf. Es fällt immer auf einen Zeitpunkt, da die Sonnenkräfte besonders groß sind und noch größer werden, die Erde aber noch «jung» und paradiesisch erscheint.

Johanni weist uns auf das innere Licht hin; Michaeli führt den Menschen der Krippe entgegen; an Weihnachten feiern wir die Geburt des Weltenlichtes auf der Erde; an Ostern können wir die Wirksamkeit des Weihnachtslichtes in der Überwindung der Todeskräfte erkennen; an Pfingsten wird dieses Licht für die Menschen, die sich in seinem Namen versammeln, zur Frucht im eigenen Handeln.

Pfingsten aber ist das Fest, das zu feiern uns heutigen Menschen sehr schwer wird.

Müssen wir uns nicht schon bemühen, das Weihnachtslicht zu empfangen? Ist es nicht noch schwerer, den Auferstehungsgedanken zu erfassen? Pfingsten, das doch nur als Frucht aus den anderen Festen hervorgehen kann, ist ein Zukunftsfest.[77]

Deshalb ist es nicht nur verständlich, sondern vielleicht sogar richtig, daß man sich gegenüber diesem Fest noch mehr bescheidet als gegenüber den anderen Festen.

Ausgießung des Heiligen Geistes.
Westfälisch um 1370 – 1380.
Altar aus Osnabrück. Rheinisches Bildarchiv, Köln.

Vielleicht könnte darin eine Möglichkeit liegen, daß man seine Seele weit öffnet für den Geist, der uns aus der Natur seine tausendfältigen Zeichen entgegensendet. Goethe beginnt sein Epos *Reineke Fuchs* mit einem Lobpreis auf das Pfingstfest:

Pfingsten, das liebliche Fest, war gekommen; es grünten und blühten
Feld und Wald; auf Hügeln und Höhn, in Büschen und Hecken
Übten ein fröhliches Lied die neuermunterten Vögel;
Jede Wiese sproßte von Blumen in duftenden Gründen,
Festlich heiter glänzte der Himmel und farbig die Erde.[78]

Das ist die pfingstliche Stimmung der Natur. Sie hat immer die Menschen ins Freie hinausgelockt. Die Erde hat sich festlich gekleidet, und auch der Himmel erglänzt in pfingstlichem Gewande.

Haben denn Himmel und Erde einen Grund zu einem solchen Aufwand, wenn er nicht Ausdruck ist für geistige Vorgänge?

Vor Jahren sah ich einmal ein holländisches Kinderspiel von der Pfingstbraut. Ist nicht die Erde wie eine Braut, die sich mit Blumen und frischem Grün schmückt, um sich dem Himmel zu vermählen? Wenn wir mit dieser Stimmung im Herzen zu Pfingsten einen Ausflug in die Natur machen, dann können wir den Kindern in zarter Weise ein Erleben des Pfingstfestes in die Seele legen. Das Empfinden für die festlich gekleidete Erde mag die Menschen auch einmal dazu geführt haben, zu Pfingsten ihre Häuser mit frischem Grün, an dem bunte Bänder hingen, zu schmücken. Doch die Natur bleibt niemals stehen. Schon kurz nach Pfingsten sättigt sich das frische Grün, das Aufleuchten der Paradieseskräfte verdichtet sich zur sommerlichen Natur. Himmel und Erde scheinen schwerer und lastender zu werden, und mahnend steht in dieser sommerlichen Atmosphäre die Gestalt des Täufers, hinweisend auf den, der mit Feuer und Geist taufen wird.

Damit spannt sich der Bogen von Johanni zu Pfingsten. Johanni ist das erste Fest im Zeichen der abnehmenden Sonne. Gehen wir vom Prozeß der Erdenatmung aus, so finden wir an Johanni den Zeitpunkt, da die Ausatmung der Erde endet und umschlägt in den großen Atemzug nach innen. Pfingsten steht als das letzte Fest im Zeichen der Ausatmung und der zunehmenden Sonne.

Sind sich beide Feste einerseits ganz nah und verwandt, so scheint es andererseits, als stünden sie wie Säulen im Jahreslauf, die zwei verschiedene Strömungen repräsentieren. Pfingsten erkannten wir als die Frucht des Christuswirkens. Johanni aber ist ein erster Keim, angelegt in den Seelen der Menschen zum Wachsen und Werden. Ein goldenes Band scheint sich von Pfingsten zum Johannifest hinüberzuwinden.

Die ernste Geste des Täufers und die Worte «Er muß wachsen ...» beziehen sich auf den Christus im Menschen.

Das Johannifeuer der Zukunft, die Flamme, die von der Erde zum Himmel auflodert, kann nur ein Geistesfeuer sein: Antwort des Menschen auf die pfingstlichen Feuerzungen, die sich aus den Höhen herabsenken und den Menschen, der sich auf diese Taufe vorbereitet hat, mit Feuer und Geist taufen.

Der christliche Jahreslauf mit seinen verschiedenen Entsprechungen im Leben der Natur scheint wie ein wunderbares Gebinde ineinander verschlungener Strömungen zu sein, die alle demselben Mittelpunkt zustreben: der Durchchristung der Erde mit dem Ziel, «daß auch sie einst Sonne werde».

ANMERKUNGEN

1 Rudolf Steiner: *Der Jahreskreislauf als Atmungsvorgang der Erde und die vier großen Festeszeiten,* GA 223 (= Gesamtausgabe Bibliographie-Nummer 223). Rudolf Steiner Verlag, Dornach [7]1990 (3. Vortrag).

2 Ebd., 2. Vortrag.

3 Brüder Grimm: *Kinder- und Hausmärchen,* Göttingen 1856, S. 409. Nachdruck, hrsg. v. H. Rölleke. Philipp Reclam jun., Stuttgart 1980, 3. Band.

4 Die entsprechenden Verhältnisse der Erde zur Sonne treffen natürlich nur immer für eine Erdhälfte zu. Auf die Problematik des Festefeierns auf der anderen Seite des Äquators kann hier wegen der Komplexität der Thematik nicht eingegangen werden.

5 Siehe Anmerkung 1 (GA 223, 3. Vortrag).

5a In *Die tieferen Geheimnisse des Menschheitswerdens im Lichte der Evangelien* (GA 117, Vortrag vom 23. November 1909) weist Rudolf Steiner darauf hin, daß es sich um einen Übersetzungsfehler handelt, wenn in Matth. 3,4 von «Heuschrecken» gesprochen wird. Nicht Heuschrecken, sondern Johannisbrot sei neben wildem Honig die Speise des Johannes gewesen. – Emil Bock übersetzt mit «harte Früchte» (*Das neue Testament,* Verlag Urachhaus, Stuttgart [4]1992).

6 Zitate aus der Bibel werden nach dem 1973 revidierten Text der Luther-Übersetzung wiedergegeben.

6a Zur Geschichte der Externsteine gibt es divergierende

Anschauungen. Insbesondere geht es dabei um die Frage, ob die Externsteine eine bedeutende vorchristliche Mysterienstätte waren oder nicht. Eine ablehnende Haltung findet man z. B. in der Schrift *Die Externsteine* von Erich Kittel, herausgegeben vom naturwissenschaftlichen und historischen Verein für das Land Lippe, Detmold. Zu ganz anderen Resultaten kommt Hans Gsänger in seinem Buch *Die Externsteine*, erschienen im Verlag die Kommenden, Freiburg, oder Walter Matthes in *Corvey und die Externsteine*, erschienen im Verlag Urachhaus, Stuttgart. Auffallend ist der Zynismus, mit dem in der erwähnten Schrift von Erich Kittel die Befürworter eines vorchristlichen Heiligtums bedacht werden. Daneben wirken die Darstellungen von Gsänger und Matthes angenehm sachlich. – Nicht nur aufgrund der Darstellungen von Gsänger und Matthes, sondern auch durch das eigene Erleben beim Besuch der Externsteine bin ich davon überzeugt, daß es sich bei den Externsteinen um eine bedeutende vorchristliche Kultstätte handelt.

7 Novalis: *Die Lehrlinge zu Sais*. Gedichte und Fragmente. Philipp Reclam jun., Stuttgart 1975.

8 Siehe Anmerkung 1 (GA 223, 1. Vortrag).

9 Johann Wolfgang von Goethe: *Werke*. Hamburger Ausgabe in 14 Bänden, Bd. 3, Dramatische Dichtungen I, hrsg. v. Erich Trunz. Deutscher Taschenbuchverlag, München 1988.

10 *Götterschicksal – Menschenwerden*. Aus der Edda nacherzählt von Dan Lindholm. Verlag Freies Geistesleben, Stuttgart [5]1987.

11 Es gab ursprünglich eine christliche Strömung, die diesen Zusammenhang noch sah und deshalb den sogenannten heidnischen Glauben nicht ablehnte, sondern ihn nur umwandelte. Dazu gehörte die arianische Strömung, die im Kapitel «Laternenfest – Martini» etwas näher betrachtet werden soll.

12 Rudolf Steiner: *Der Mensch als Zusammenklang des schaffenden, bildenden und gestaltenden Weltenwortes*, GA 230. Rudolf Steiner Verlag, Dornach [6]1985 (7. Vortrag).

12a Im Vortrag vom 23. November 1909 führt Rudolf Steiner aus: «In unseren Haaren haben wir einen Rest gewisser Strahlungen zu sehen, durch die vorher Sonnenkraft in den Menschen hineingetragen wurde. Früher war dies etwas Lebendiges, was die Sonnenkraft in den Menschen hineintrug … Im Altertum ist das Verhältnis der Haare zum Licht des Geistes sogar dadurch ausgedrückt, daß Licht und Haar mit Ausnahme eines geringfügigen Zeichens durch dasselbe Wort dargestellt werden. Überhaupt weist die althebräische Sprache auf die tiefsten Geheimnisse der Menschheit hin.» Die Erinnerung an die einstige Bedeutung der Haare mag ein wesentlicher Grund dafür sein, daß langes Haupt- und Barthaar in späteren Zeiten zum Sinnbild von Weisheit wurde.

13 Frederik Hetmann: *Irischer Zaubergarten*. Märchen, Sagen und Geschichten von der Grünen Insel. Diederichs, Düsseldorf 1979. Nachdruck als Fischer-Taschenbuch, Frankfurt/Main.

14 *Irische Elfenmärchen*. Übersetzt und eingeleitet von den Brüdern Grimm. Mit einem Nachwort von Konrad Sandkühler. Verlag Freies Geistesleben, Stuttgart [6]1988, S. 219.

15 Walter Schmidkunz: *Christusmärchen*. Münchner Buchverlag, München.

16 Theodor Echtermeyer: *Deutsche Gedichte von den Anfängen bis zur Gegenwart*. Neugestaltet von Benno von Wiese. August Bagel Verlag, Düsseldorf 1966.

17 Christian Morgenstern: *Sämtliche Dichtungen* Abt. I, Bd. 11: *Wir fanden einen Pfad*. Zbinden Verlag, Basel 1989.

18 *Aus Michaels Wirken*. Eine Legendensammlung von Nora Stein von Baditz. J. Chr. Mellinger Verlag, Stuttgart 1959.

19 Rudolf Steiner: *Die Anthroposophie und das menschliche Gemüt*. In: GA 223. Rudolf Steiner Verlag, Dornach [7]1990 (2. Vortrag).

20 Siehe Anmerkung 16 (Echtermeyer/v. Wiese).

21 Angelus Silesius: *Cherubinischer Wandersmann*.

22 Siehe Anmerkung 18 (*Aus Michaels Wirken*).

23 Ausgewählte Literatur zu den Jahreszeiten und Festen: Christiane Kutik und Eva-Maria Ott-Heidmann: *Das Jahreszeitenbuch, Anregungen zum Spielen, Basteln, Erzählen.* Gedichte, Lieder und Rezepte zum Jahreslauf. Verlag Freies Geistesleben, Stuttgart [5]1991.
Feiern der Jahresfeste mit Kindern. Für Eltern dargestellt von Brigitte Barz. Urachhaus, Stuttgart [4]1989.
Von Ostern strahlt ein Stern herein. Geschichten zu Advent, Weihnachten, Dreikönig. Urachhaus, Stuttgart [3]1990.
Die Reise zur Sonne. Geschichten zu Ostern, Pfingsten und Johanni. Urachhaus, Stuttgart 1989.
Der Drache mit den sieben Köpfen. Geschichten zu Michaeli, Sankt Martin und Nikolaus. Urachhaus, Stuttgart 1990.
24 *Wörterbuch der deutschen Volkskunde.* 3. Auflage, neu bearbeitet von R. Beitl. Kröner, Stuttgart 1974.
25 Rudolf Steiner: *Geschichtliche Symptomatologie,* GA 185. Rudolf Steiner Verlag, Dornach [3]1982 (9. Vortrag).
26 Rudolf Steiner: *Über Philosophie, Geschichte und Literatur,* GA 51. Rudolf Steiner Verlag, Dornach 1983 (Vortrag vom 25. Oktober 1904).
27 Emil Bock: *Das Zeitalter der romanischen Kunst.* Verlag Urachhaus, Stuttgart 1958.
28 Siehe Anmerkung 25 (*Geschichtliche Symptomatologie*).
29 Rudolf Steiner: *Die Liebe und ihre Bedeutung in der Welt.* In: GA 143. Rudolf Steiner Verlag, Dornach [3]1983 (Vortrag vom 17. Dezember 1912). – Auch als Einzelausgabe.
30 Vor allem das moderne Wirtschaftsleben hat bald herausgefunden, daß mit Hilfe von Warenhaus-Nikoläusen auch der Umsatz gesteigert werden kann. Seit vor dem zweiten Weltkrieg eine bekannte amerikanische Getränkefirma den rotweiß gekleideten Santa Claus als Werbeträger vermarktete, ist der rot-weiße Nikolaus weltweit «in». Vom polternden Kinderschrecken hat er sich nun gewandelt zum freundlichen Warenhausonkel, der den Kinderseelen die weitläufige Spielzeugwelt schmackhaft macht. Ganz findige Geschäftsleute setzen den Nikolaus in ein himmlisch gestyltes Schau-

fenster-Himmelsbüro, geben ihm ein Telefon zur Seite, durch das er die moderne Verbindung zu den Erdenkindern herstellen kann, und lassen ihn telefonisch Kinderwünsche entgegennehmen. Hinter den himmlischen Kulissen wird dann das Elternhaus angerufen und gefragt, ob es denn recht sei, den im Himmelsbüro notierten Kinderwunsch, zahlbar nach Erhalt der Rechnung, innerhalb von 14 Tagen zu liefern.

Gerade weil der Nikolaus so überaus populär ist, ist sein Bild so erschreckend sinnlos geworden. Es ist ebenso sinnlos geworden wie jene Märchen, denen man alle möglichen Bilder strich, um sie nach modernem Verständnis erträglich zu machen.

31 Siehe Anmerkung 1 (GA 223, 5. Vortrag).

32 Rudolf Steiner: *Das Verhältnis der Sternenwelt zum Menschen und des Menschen zur Sternenwelt,* GA 219. Rudolf Steiner Verlag, Dornach [5]1984 (2. Vortrag).

33 *Deutsche Götter- und Heldensagen.* Gondrom Verlag, Bayreuth.

34 Heute geht gerade der Weg-Charakter der Adventszeit mehr und mehr verloren. Durch das Konsumgeschehen und seinen ungeheuren Einfluß auf unser Leben setzt bereits Ende November schlagartig die volle Festbeleuchtung ein, die dann Tag und Nacht bis zum Ende der Weihnachtszeit «erstrahlt».

Daß die von Osterhasen zu Weihnachtsmännern umgeschmolzenen Schokoladenfiguren bereits mit dem ausgehenden Sommer die Regale der Geschäfte bevölkern, ist ein weiteres Symptom. In der Adventszeit, in der eigentlich eine Zeit der Besinnung, der Vorbereitung auf das Weihnachtsereignis beginnen sollte, werden unsere Sinne geradezu mißhandelt. Blinkende Lichterketten und permanente Kinderchor-Berieselung via Lautsprecher lassen Auge und Ohr nicht mehr zur Ruhe kommen. In Betrieben, Vereinen, Schulen und Kindergärten bricht eine wahre Flut von Advents- und Weihnachtsfeiern aus, denen sich kaum jemand

entziehen kann, will er nicht als eigenbrötlerisch oder ungesellig gelten. Hauptinhalt solcher Feste wird mehr und mehr die Geselligkeit.
Viele Menschen befinden sich in diesen Wochen in einer unruhigen Hast, die als anstrengend und zermürbend empfunden wird, setzen aber, sobald Ruhe eintreten könnte, eine neue Aktivität an die Stelle der Ruhe. Wir gegenwärtigen Menschen sehnen uns nach Ruhe, können sie aber kaum mehr ertragen, wenn sie einmal eintritt. Dieser Widerspruch kann uns gerade in der Adventszeit besonders deutlich werden.

35 In seiner kleinen Schrift *Advent und Weihnachten* berichtet Helmut Hessenbruch folgende Geschichte: «Wenn die Adventszeit beginnt, mag man sich der Legende erinnern vom Teufel, dem das Weihnachtsfest ein Dorn im Auge war. ‹Wenn ich das Weihnachtsfest nicht unterkriege, dann werden die Menschen alle Jahre wieder eine Sehnsucht nach dem Himmel bekommen, und das Christentum kann nicht ausgerottet werden.› Lange grübelte er und wurde immer dünner, blasser und sorgenvoller. Auf einmal rief er: ‹Ich hab's!› Was hatte er? Er hatte das Weihnachtsfieber erfunden. Und seither kommt in der Vorweihnachtszeit eine fiebrige Hast über die Menschen. Der Geschäftsmann muß verdienen. Jetzt kommt ja der ‹silberne Sonntag›, der ‹goldene Sonntag›. Und wenn dann der Heilige Abend da ist, dann ist der Mann erledigt. Vielleicht kann er noch sein Geld zählen. Erst muß er nun einmal gründlich ausschlafen. Die Hausfrau aber, die an alle Kinder und Anverwandte, an alle Tanten und Onkel zu denken hat, sinkt am Heiligen Abend gebrochen aufs Sofa. ‹Laßt mich in Ruhe! Ich kann nicht mehr!›» (H. Hessenbruch: *Advent und Weihnachten.* Verlag der Lebensschule, Unterlengenhardt).

36 Siehe Anmerkung 9 (Goethe: *Faust* I).

37 Am Sonnenhof begegnete auch Karl König, der Begründer der Camphill-Bewegung, dem Adventsgärtlein. Das tiefe Erlebnis veranlaßte ihn zu der weitreichenden Entscheidung, sich behinderten Kindern zu widmen. Siehe das Kapitel «Ita

Wegman, das Licht auf dem Hügel und die Embryosophie» in dem Buch von Hans Müller-Wiedemann: *Karl König. Eine mitteleuropäische Biographie im 20. Jahrhundert*, Verlag Freies Geistesleben, Stuttgart 1992.

38 Eine Frage, die im Zusammenhang mit dem Adventsgärtlein immer wieder auftaucht, ist die Frage nach der Richtung der Spirale. Soll sie links herum oder rechts herum hineingehen? Eine endgültige Antwort auf diese Frage kann hier nicht gegeben werden. Die divergierenden Anschauungen seien aber kurz gestreift.

Es gibt eine ganze Reihe von Menschen, die den Weg in die Spirale hinein mit dem Sonnenlauf, also von links nach rechts, mit der rechten Körperseite der Mitte zugewandt, als richtig ansehen. Andere, zu denen zähle auch ich mich, erachten es als sinnvoller, den Weg von rechts nach links, also mit dem Herzen der Mitte zugewandt, hineinzugehen. Letzterer ist der Weg gegen den Uhrzeigersinn. Diesen Weg beschreibt die Erde im kosmischen Raum.

Rudolf Steiner erwähnt einmal, daß die Lebensorganisation des Menschen die Tendenz hat, die Drehung der Erde mitzumachen (*Rhythmen im Kosmos und im Menschenwesen*, GA 350, Dornach [2]1980, 1. Vortrag). Läßt man die Kinder also gegen den Uhrzeigersinn in die Spirale hineingehen, so folgen sie zunächst der ihnen eigenen unbewußten Bewegungsrichtung. Erst dann, wenn sie das Licht in der Mitte der Spirale angezündet haben, gehen sie den Weg hinaus gegen die Bewegungstendenz der Erde.

Vom Bild ausgehend könnte man sagen: Zunächst folgen die Kinder dem Weg der Erde; dann aber, impulsiert von dem Licht, das sie in der Spiralmitte entzündet haben, gehen sie, nun dem Lauf der Sonne folgend, wieder aus der Spirale heraus. Soweit eine Begründung für die Wahl dieser Spiralrichtung.

39 Gedanken können oft einen sehr unlebendigen Charakter haben; sie sind dann eher dem kühleren und starren Licht der Glühbirne vergleichbar als der lebendigen Flamme.

In diesem Zusammenhang ist es interessant, daß das elektrische Licht heute mehr und mehr auch in Verbindung mit den adventlichen und weihnachtlichen Bräuchen verwendet wird. Gerade wenn man vor die Aufgabe gestellt ist, mit Kindern ein Fest zu gestalten, sollte man sich vor Augen führen, daß beim elektrischen Licht die Entstehung und Übertragung der Energie außerhalb unserer Beobachtung liegt. Auf die kleineren Kinder aber wirkt all das in besonderer Weise, was als Prozeß anschaulich nachvollzogen werden kann. Das Brennen einer Kerze ist vom Aufblitzen des Streichholzes bis hin zu ihrem Ausbrennen und Erlöschen zu verfolgen – und zwar durch die Wahrnehmung. Das Entstehen des elektrischen Lichtes hingegen ist von der Wahrnehmung nicht zu erfassen. Man kann es lediglich denken.

Außerdem ist für ein unbefangenes Beobachten sicherlich auch der qualitative Unterschied des elektrischen und des natürlichen Lichtes offenkundig. Eine brennende Flamme steht in einem ganz anderen Verhältnis zur Umwelt als eine Glühbirne. Die Flamme reagiert auf jeden Luftzug, sie hat, vor allem wenn Bienenwachs verwendet wird, einen sehr feinen Duft. Verglichen damit verhält sich die Glühbirne beziehungslos zu der Umgebung, ähnlich beziehungslos wie zum Beispiel abstrakte Gedanken sich zur Welt verhalten.

40 Siehe Anmerkung 21 (*Cherubinischer Wandersmann*).

41 Emil Bock: *Kindheit und Jugend Jesu.* Beiträge zur Geistesgeschichte der Menschheit, Bd. 5. Verlag Urachhaus, Stuttgart [8]1988.

42 Eine synoptische Darstellung der Ergebnisse auf diesem Gebiet gibt Andrew Welburn in: *Am Ursprung des Christentums. Essenisches Mysterium, gnostische Offenbarung und die christliche Vision,* Verlag Freies Geistesleben, Stuttgart 1992.

43 Hella Krause-Zimmer: *Die zwei Jesusknaben in der bildenden Kunst.* Verlag Freies Geistesleben, Stuttgart, 3. erweiterte Auflage 1986.

44 Rudolf Steiner: *Die geistige Führung des Menschen und der Menschheit.* Geisteswissenschaftliche Ergebnisse über die Menschheits-Entwickelung, GA 15. Rudolf Steiner Verlag, Dornach ^{10}1987.
Rudolf Steiner: *Das Lukas-Evangelium,* GA 114. Rudolf Steiner Verlag, Dornach ^{8}1985.
Rudolf Steiner: *Das Matthäus-Evangelium,* GA 123. Rudolf Steiner Verlag, Dornach ^{17}1988.
Emil Bock, siehe Anmerkung 41.
Hella Krause-Zimmer, siehe Anmerkung 43.

45 Siehe dazu die ausführliche Darstellung Rudolf Steiners in dem Vortrag vom 21. Dezember 1911: *Weihnachten – ein Inspirationsfest,* in GA 127. Rudolf Steiner Verlag, Dornach ^{2}1989. – Auch als Einzelausgabe.

46 Zitiert aus dem unter Anmerkung 45 angegebenen Vortrag.

47 Brigitte Barz, siehe Anmerkung 23.

48 *Die Legenda Aurea des Jacobus de Voragine.* Verlag Lambert Schneider, Heidelberg 1975, Kap. «Von der Geburt des Herrn».

48a Vergleiche dazu Alfred Schütze, *Mithras. Mysterien und Urchristentum.* Verlag Urachhaus, Stuttgart 1972.

49 Johannes von Hildesheim: *Die Legende von den heiligen drei Königen.* Deutscher Taschenbuchverlag, München.

50 *Weihnachtsspiele aus altem Volkstum. Die Oberuferer Spiele.* Rudolf Steiner Verlag, Dornach.

51 Siehe Anmerkung 45 *(Weihnachten – ein Inspirationsfest).*

52 Siehe Anmerkung 48 (*Legenda Aurea,* Kap. «Von dem geistlichen Advent»).

53 Siehe Anmerkung 15 (Walter Schmidkunz).

54 Selma Lagerlöf. *Christuslegenden.* Nymphenburger Verlagsanstalt, München.

55 Siehe Anmerkung 15 (Walter Schmidkunz).

56 Weil der Weihnachtsbaum zutiefst mit der Weihnachtszeit, mit den zwölf heiligen Nächten, verbunden ist, ist es zu bedauern, daß heute schon in der Adventszeit in den Gärten und auf den Balkonen die elektrisch beleuchteten Bäume

stehen. Diese Sitte kann nur aus einem weitverbreiteten Unverständnis erklärt werden.

57 Der Karneval im Rheinländischen erinnert noch entfernt an die römischen Saturnalienbräuche. Die Wahl eines Karnevalsprinzen und das kurzfristige Lockern der gesellschaftlichen Ordnung sind wie ein trüber Abglanz der Saturnalien, haben aber längst nicht mehr die soziale Bedeutung des römischen Festes.

58 Sybil Gräfin Schönfeldt: *Feste und Bräuche. Durch das Jahr und den Lebenslauf.* Otto Maier Verlag, Ravensburg 1980.

59 Rudolf Steiner: *Die Geschichte der Menschheit und die Weltanschauungen der Kulturvölker,* GA 352. Rudolf Steiner Verlag, Dornach ²1988 (2. Vortrag).

60 Dieser Weg kann zuweilen sehr schmerzvoll sein, zumal, wenn man auf der Suche nach dem höheren Menschen in sich ist. Wir beschreiten dann den Weg, der hier der persönliche Passionsweg jedes einzelnen Menschen genannt werden soll. Rudolf Steiner sagt in *Wahrspruchworte* über diesen Weg:

Freuden sind Geschenke des Schicksals,
Die ihren Wert in der Gegenwart erweisen.
Leiden dagegen sind Quellen der Erkenntnis,
Deren Bedeutung sich in der Zukunft zeigt.

(*Wahrspruchworte,* GA 40. Rudolf Steiner Verlag, Dornach ⁶1986).

61 Rudolf Steiner: *Vorstufen zum Mysterium von Golgatha,* GA 152. Rudolf Steiner Verlag, Dornach ³1990.

62 Der Frage nach der Festsetzung des Sonntages und seiner historischen Bedeutung wie auch der Bedeutung des Wochenrhythmus und seiner Beziehung zu den Planeten geht unter anderem Walter Bühler in seinem Buch *Geistige Hintergründe der Kalenderordnung. Vom Wesen der Woche. Die Beweglichkeit des Osterfestes.* Verlag Urachhaus, Stuttgart ²1978, nach.

63 Über diesen Zusammenhang von Ostern und Michaeli spricht Rudolf Steiner in den Vorträgen zum Jahreskreislauf:

«Der Ostergedanke: Er ist ins Grab gelegt, er ist erstanden. Stellen wir dagegen den andern Gedanken vor uns hin, der über die Menschheit kommen muß: Er ist erstanden und kann beruhigt ins Grab gelegt werden. – Ostergedanke: Er ist ins Grab gelegt, er ist erstanden. – Michael-Festgedanke: Er ist erstanden und kann beruhigt ins Grab gelegt werden. Der erste Gedanke, der Ostergedanke, bezieht sich auf den Christus, der zweite Gedanke bezieht sich auf den Menschen, auf den Menschen, der gerade die Kraft des Ostergedankens begreift: wie durch Geist-Erkenntnis, wenn er eingetreten ist in das irdische Leben der Gegenwart, wo sein Seelisch-Geistiges erstirbt, seine Seele auferstehen kann, so daß er lebendig wird zwischen Geburt und Tod, so daß er im irdischen Leben innerlich lebendig wird. Dieses innerliche Erstehen, dieses innerliche Auferwecktwerden, das muß der Mensch begreifen durch Geisteswissenschaft; dann wird er beruhigt ins Grab gelegt. Dann wird er in das Grab gelegt, durch das er sonst denjenigen Mächten verfallen müßte, die als ahrimanische Mächte innerhalb des Erdenbereiches zur Wintersonnenwendezeit wirken.
Und das Fest, das diesen Gedanken enthält: Er ist erstanden und kann beruhigt ins Grab gelegt werden –, dieses Fest muß hineinfallen in die Zeit, wenn die Blätter beginnen gelb zu werden, von den Bäumen zu fallen, wenn die Früchte reifen, wenn die Sonne jene Gewalt bekommen hat, durch die sie das, was im Frühling Sprießendes, Sprossendes, Wachstumkräftiges war, zur Reife bringt, aber auch zum Welken bringt und wiederum hinneigen läßt zum Inneren der Erde; wenn das, was auf der Erde sich entwickelt, beginnt ein Symbolum des Grabes zu werden.
Stellen wir das Osterfest hinein in die Zeit, wo das Leben beginnt zu sprießen und zu sprossen, wo die Wachstumskräfte ihre höchste Höhe erreichen, so müssen wir das andere Fest, das da enthält: Er ist erstanden und kann beruhigt ins Grab gelegt werden –, hinverlegen in diejenige Zeit, wo es beginnt, in der Erdennatur welk zu werden, wo Grabes-

stimmung sich ausbreitet innerhalb der Erdennatur, wo vor des Menschen Seele treten kann das Symbolum des Grabes. Da wird rege in dem Menschen der Michael-Gedanke: jener Gedanke, der sich nun aber nicht wie der Ostergedanke in den ersten Jahrhunderten des Christentums an das Anschauen richtet. In den ersten Jahrhunderten des Christentums wurde die Anschauung hingerichtet auf den ins Grab gelegten und auferstandenen Christus. Im Anschauen wurde die Seele mit ihren stärksten Kräften erfüllt, kräftig gemacht. In dem Festesgedanken der Herbstessonnenwende muß die Seele ihre Stärke fühlen, indem nun nicht appelliert wird an ihr Anschauen, sondern an ihren Willen: Nimm den die ahrimanischen Mächte besiegenden Michael-Gedanken in dich auf, jenen Gedanken, der dich kräftig macht, Geisteserkenntnis hier auf Erden zu erwerben, damit du die Todesmächte besiegen kannst.

Wie der Ostergedanke sich an die Anschauung richtet, so richtet sich dieser Gedanke an die Willensmächte: aufzunehmen die Michael-Kraft, das heißt, aufzunehmen die Kraft der geistigen Erkenntnis in die Willenskräfte. Und so kann der Ostergedanke lebendig werden, unmittelbar herangebracht werden an das menschlich Seelisch-Geistige, indem ebenso, wie der Johannigedanke empfunden wurde als der Gegenpol des Weihnachtsgedankens, nun der Michael-Gedanke, der Gedanke des Michael-Festes zur Herbsteszeit als der Gegenpol des Ostergedankens empfunden wird. Wie der Weihnachtsgedanke hervorgetrieben hat durch innere Lebendigkeit den Johannigedanken nach einem halben Jahre, so muß hervortreiben der Ostergedanke den Michael-Gedanken. Die Menschheit muß eine esoterische Reife erlangen dazu, nun wiederum nicht bloß abstrakt zu denken, sondern so konkret denken zu können, daß sie wieder Festeschöpfend werden kann. Dann wird sie mit dem sinnlichen Erscheinungsverlaufe wiederum etwas Geistiges verbinden können» (Rudolf Steiner, *Der Jahreskreislauf als Atmungsvorgang der Erde, GA 223, 2. Vortrag).*

64 Rudolf Steiner, Rosenkreuzerisches Weistum in der Märchendichtung, Vortrag vom 10. Juni 1911. In: *Exkurse in das Gebiet des Markus-Evangeliums*, GA 124. Rudolf Steiner Verlag, Dornach [3]1963. – Auch als Einzelausgabe.

65 Es wurde schon im Zusammenhang mit dem Nikolaus-Brauchtum und dem Weihnachtsbaum auf die völlige Sinnentleerung hingewiesen, denen heute die Überlieferungen ausgesetzt sind. Mit den Osterbräuchen ist es nicht anders. Die weitverbreitete Sitte, zu Ostern große Geschenke zu machen oder statt der Ostereier von den Kindern Spielzeug suchen zu lassen, ist nur zurückzuführen auf ein tiefgreifendes Unverständnis den Bildern gegenüber, die mit dem Osterfest verbunden sind.

66 Rudolf Steiner: *Das Lukas-Evangelium*, GA 114. Rudolf Steiner Verlag, Dornach [8]1985 (3. Vortrag).

67 «Die Legende von den drei Hasen» ist dem Band *Die Reise zur Sonne. Geschichten zu Ostern, Pfingsten und Johanni*, herausgegeben von Ineke Verschuren, entnommen. Der Abdruck erfolgt mit freundlicher Genehmigung des Verlags Urachhaus.

68 *Die goldene Schale und andere Märchen der Völker der Sowjetunion*, Moskau 1962.

69 Rudolf Steiner: *Esoterische Betrachtungen karmischer Zusammenhänge*, Band VI, GA 240. Rudolf Steiner Verlag, Dornach [4]1986.
Rudolf Steiner, siehe Anmerkung 59.
Rudolf Steiner: *Mysterienstätten des Mittelalters. Rosenkreuzertum und modernes Einweihungsprinzip. Das Osterfest als ein Stück Mysteriengeschichte der Menschheit*, GA 233a. Rudolf Steiner Verlag, Dornach [4]1980.

70 Johann Wolfgang von Goethe: *Werke*. Hamburger Ausgabe in 14 Bänden, Bd. 13, Naturwissenschaftliche Schriften I. Deutscher Taschenbuchverlag, München 1988.

71 *Kalevala*. VEB Hinstorff Verlag, Rostock.

72 Die Dreiheit Hase – Osterei – Suchen, die als Einheit anzusehen ist, wird, wie unschwer zu erkennen ist, völlig zer-

stört, wenn der Osterhase Rollschuhe oder Fahrräder bringt. Ob das Urbildhafte des Eies auch noch vorhanden ist, wenn es sich um Schokoladeneier handelt, ist außerordentlich schwer zu beurteilen. Deshalb überlasse ich es dem Leser, diese Frage für sich zu entscheiden. Deutlicher hingegen kann man von den gegebenen Gesichtspunkten aus über den Osterhasen aus Schokolade urteilen. Vom Urbild her betrachtet, ist der Hase der Überbringer der Ostereier. Daß dieser Überbringer Schokoladenabbilder seiner selbst ins Nest legt, erscheint mir doch recht eitel und zu dem Bilde herzlich wenig passend. Aber über diese Produkte unserer vernaschten Zivilisation sollte man sich auch nicht zu sehr wundern. Dabei geht es eben nicht um sinnvolle Bilder, sondern um volle Ladenkassen. Es bleibt uns wohl nichts als ein wenig Nachsicht und Humor und die Gewißheit, daß jeder für sich selbst die Festgestaltung so vornehmen kann, wie er es für richtig hält. Außerdem dürfen wir sicher sein, daß Kinder ein sehr feines Gespür für das Echte und Unechte haben, sofern sie das Echte, das Sinnvolle neben dem Sinnlosen, dem ja nicht immer zu entgehen ist, erleben.

73 Siehe Anmerkung 24 *(Wörterbuch der deutschen Volkskunde)*.

74 Das Himmelfahrtsfest ist in weiten Kreisen ohnehin nur noch als Vatertag bekannt, eine Sitte, deren Herkunft nicht eindeutig festzustellen ist. Man kann nur vermuten, daß die sogenannten «Herrenpartien», aus denen dann der Vatertag wurde, eine Art Antwort waren auf den ebenfalls im Mai liegenden Muttertag, der im ersten Drittel dieses Jahrhunderts aus Amerika importiert wurde. Es wird auch behauptet, diese Herrenpartien seien dadurch begründet worden, daß der Himmelfahrtstag «der Tag des Herrn» genannt wird.

75 Siehe Anmerkung 16 (Echtermeyer/v. Wiese).

76 Rainer Maria Rilke; *Ausgewählte Kostbarkeiten*, SKV-Edition, Lahr 1983 (zusammengestellt von Gottfried Berron).

77 Vgl. Friedrich Benesch: «Weihnachten muß man fühlen. Man muß fühlen: Christus ist da und lebt mit uns auf Erden. Pfingsten muß man wollen. Man muß wollen, die eigene Individualität frei dem Geiste zur Verfügung zu stellen. Ostern muß man denken lernen. Denn Ostern ist ein Geschehen, eine Tat, welche die Naturgesetze, die wir Menschen verhältnismäßig leicht denken können, aufgehoben hat.» (In: *Ostern. Passion – Tod – Auferstehung.* Verlag Urachhaus, Stuttgart 1978, S. 7.)

78 Johann Wolfgang von Goethe: *Werke.* Hamburger Ausgabe in 14 Bänden, Bd. 2, Gedichte und Epen II, hrsg. v. Erich Trunz. Deutscher Taschenbuch Verlag, München 1988.

Fragen der Lebensgestaltung als Frau und Mutter

ALMUT BOCKEMÜHL

Selbstfindung und Muttersein im Leben der Frau

2. Auflage, 195 Seiten, gebunden

Aus dem Inhalt: Die Frauenbewegung / Mysterien der Liebe / Von der Dauer einer Lebensgemeinschaft / Vom Mutterinstinkt: Die verbotene Kammer / Das Tor zur Mutterschaft / Mutter sein / Beruf: Hausfrau / Selbstverwirklichung als Mutter? / Wozu sind wir berufen? / Der Konflikt zwischen Leben und Arbeit.

«Das Buch ist geschrieben aus dem Erleben und Führen einer dauerhaften Ehe und Familie – geschrieben von einer, der es geglückt ist, wenn man einmal so sagen darf. Hierin liegt seine Stärke, weil es nicht nur Mut macht, diesen Weg zu gehen, sondern ihn objektiv als Weg einer wahren Selbstfindung schildert. ... Mich begeistert es vor allem durch seine Weite und Reichhaltigkeit, durch die man sofort ins Weiterdenken und Weiterfragen kommt, und ich wünsche ihm, daß es zum Ausgangspunkt vieler guter, weiterbringender Gespräche und individueller Ermutigung wird.»

Dorothee Jacobi in *Die Christengemeinschaft*

Spielen im Freien und Zuhause

RUDOLF KISCHNIK / WIL VAN HAREN

Der Plumpsack geht rum!

Kreis- und Bewegungsspiele für Kinder und Jugendliche. Mit zahlreichen Zeichnungen von Ronald Heuninck, deutsche Bearbeitung von Johannes Hörner. 2. Auflage, 300 Seiten, gebunden

Aus dem Inhalt: Kreis- und Singspiele / Spiele für Kinder ab 7 Jahre, gegliedert nach Alterstufen / Wettlauf, Zweikampf, Ringkampfspiele, Geschicklichkeitsspiele, Beschäftigungsspiele, Blindspiele

«Alltäglich ist das Bild heute nicht mehr: Kinder, die im Kreis stehen, sich an den Händen halten und einen Reigen nach dem anderen singen und tanzen. Wo sollten sie auch spielen? Der früher selbstverständliche Spielort, die Straße, wird schon lange vom Auto beherrscht. Spielplätze sind oft so einfallslos, daß bestenfalls Hunde sie besuchen mögen. Unser modernes Lebensgefühl hat ein Übriges getan, um die Tradition der Reigen- und Kreisspiele zu unterbrechen. Aber in den Kindern lebt nach wie vor eine ursprüngliche Spielelust. Nur weniger Anstöße bedarf es, um sie wieder zu wecken. Viele Erwachsene kennen jedoch selbst kaum mehr solche Spiele. Diese Lücke schließt das Buch *Der Plumpsack geht rum!*. Es versammelt über 300 Spiele, die bewußt an alte Spieltraditionen anknüpfen.»

Süddeutscher Rundfunk «Der grüne Punkt»

Verborgene Motive der Jahresfeste
in der bildenden Kunst
von Hella Krause-Zimmer

Erdenkind und Weltenlicht

Spirituelle Motive in Weihnachtsdarstellungen
2. Auflage, 108 Seiten mit vielen schwarzweißen
und farbigen Abbildungen, gebunden

Kreuz und Auferstehung

Mysterienspuren in Passions- und Osterbildnissen
150 Seiten mit vielen schwarzweißen
und farbigen Abbildungen, gebunden

Die zwei Jesusknaben
in der bildenden Kunst

3. neu durchgesehene und erweiterte Auflage,
328 Seiten mit 142 Abbildungen
auf Kunstdrucktafeln, Leinen

Aus dem Inhalt: Kind der Hirten und Kind der Magier / Der zwölfjährige Jesus im Tempel / Das Zwillingsmotiv / Säule und Muschel

Verlag Freies Geistesleben